강릉에서
살아보기

강릉에서
살아보기

서울시도심권50플러스센터 · 패스파인더 지음

퍼블리터

‖ 차례 ‖

01 첫 번째 이야기
···

숲과 호수, 바다의 도시에 머물다

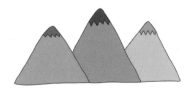

강릉 가실래요?

:

이형정
서울시도심권50플러스센터장

2019년, "남원 가실래요?"라는 한 문장으로 신중년 지역살이 탐색 사업을 시작했다. 사실 험난했다. 사업 담당자부터 서울에서 약 260 킬로미터 떨어진 낯선 지역과 친해져야 했다. 우리 센터에서 추진되는 거의 모든 사업이 서울을 무대로 진행되기 때문에 전화 한 통, 대면 회의 한 번이면 일사천리로 진행된다. 하지만 이 사업만큼은 차원이 달랐다. 센터를 알리는 많은 자료를 가득 싣고 지역을 직접 찾아가 우리가 왜 일을 하고자 하는지 설명해야 했고, 관계를 맺어 나갔다. 본 사업을 시작하기 전부터 많은 시간과 에너지를 쏟아 부었다.

모든 준비를 마치고 프로젝트에 함께 할 50+세대를 모집했다. 대중화되지 않은 낯선 '지역살이'라는 단어에 많은 50+세대가 관심을 보였다. 내가 지역살이를 해야 하는, 그래서 이 프로젝트에 참여해야 하는 이유들이 무지개처럼 다양하고 매력적이었다. 16명의 50+세대와 함께 기획하고, 살아보고, 출판하는 3단계 과정을 통해《여행처럼 시작하는 지역살이 가이드북 : 남원에서 살아보기》가 세상에 나왔다.

예상보다 프로젝트에 대한 긍정적인 호응으로 다음 지역살이는 언제, 어디서 진행되는지 많은 문의를 받았다.

올해는 강릉이래요

2020년 《남원에서 살아보기》를 출판하며 다음 지역 추천 설문조사를 실시했다. 강릉이 50+세대의 관심 1순위였다. 아름답고 깨끗한 자연환경(숲, 산, 강, 바다 등)이 지역 선택 시 우선순위였고, 가장 우려되는 것은 일과 활동거리란 응답이었다. 코로나 팬데믹으로 강제 숨 고르기 한 해를 보낸 덕분에 약 220킬로 떨어진 강릉의 자연, 문화 등 지역 자원 및 지역 비즈니스와 관계 맺기에 조금 더 정성을 들일 수 있었다.

꼬박 2년 만에 막강한 경쟁률을 뚫고 선정된 50+세대 12명과 강릉으로 떠났다. 청년부터 중장년까지 지역에 안착한 다양한 사례를 통해 꿈이 있는 삶을 실현 할 수 있는 지역임을 모두가 공감했다. 그리고 사람을 통해 본 강릉의 자연, 문화, 지역 비즈니스를 진지하고 담백하게 글로 담았다. 리모트 워크remote work, 워케이션worcation 시대에 어디서, 어떻게 살까에 대한 고민은 비단 노후를 준비하는 특정 세대만의 고민이 아닐 것이다. 지역살이에 관심이 있다면, 그리고 강릉에서 살아보고자 한다면 이 책을 통해 강릉을 재발견해보길 바란다. 그리고 새로운 기회를 찾길 바란다.

프롤로그

강릉에서 살아보다

⋮

김만희
패스파인더 대표

남원 다음은 어디가 좋을까?

《남원에서 살아보기》 출판 이후 다음 지역을 선정하는 데는 오랜 시간이 걸리지 않았다. 살아보고 싶은 지역 설문에서 압도적 지지를 받은 곳이자, 누가 생각해도 매력적인 도시, 강릉이 있었기 때문이다. 오히려 문제는 그 다음이었다. 강릉이 매력적이라는 것을 누구나 알고 있다면 우린 무슨 얘기를 해야 할까? 우리가 안다고 생각하는 것 말고 숨겨진 강릉의 매력을 어떻게 찾아낼까? 질문이 꼬리에 꼬리를 물고 이어졌다.

이 책 《강릉에서 살아보기》는 여행처럼 시작하는 지역살이 가이드북, 그 두 번째로 서울시도심권50플러스센터와 패스파인더가 공동으로 진행한 '강릉에서 살아보기' 과정의 산출물이기도 하다. 교육, 여행, 글쓰기를 결합한 실제 진행 과정은 2개월 남짓이었지만, 이 과정을 위해서 십여 차례의 답사와 여행, 수십 명의 사람들과의 만남, 그리고 강릉 한 달 살이 실전 체험까지, 켜켜이 쌓아올린 꼼꼼한 준비 과정들이 있었다. '살아보기'는 여행으로 대체할 수 없는 특별한 매력을 갖고 있다. 열두 명의 필자들이 각양각색으로 풀어놓을 매력적인 강릉 이야기는 잠시 후 들어보기로 하고 '살아보기'에 대해 먼저 살펴보는 것도 좋을 듯 싶다.

살아보기와 여행 사이

'○○에서 살아보기'는 코로나 이전부터 만만찮은 흐름이었지만, 코로나 시기를 거치면서 더욱더 뜨거워진 주제다. 해외여행이 불가능한 상황이라 그렇겠지만, 소비자 입장에서는 이전의 여행으로는 하지 못했던 프리미엄 체험을 할 수 있다는 점이 책이나 방송을 통해 전파되면서 남녀노소 모두에게 큰 반향을 일으키고 있다. 주변에 살아보기를 하겠다는 사람, 했다는 사람이 전보다 크게 늘어난 것을 느낀다. 지방 도시와 농촌 입장에서도 가뜩이나 위축된 분위기 속에 어떤 이유로라도 지방을 찾고 관계를 맺고자 하는 사람이 늘어난다는 것은 긍정적인 신호라고 할 수 있다.

그렇다면 소비자 입장에서 살아보기의 첫 단계는 무엇일까? 아마도 살아보기를 하려는 이유를 찾고 살아볼 지역을 결정하는 일일 것이다. 보통 두루뭉술하게 '살아보기'라고 말하지만, 그 목적을 따져 보면 가지각색이다. 보다 깊은 여행으로서 살아보기, 배움이나 심신 회복을 위한 살아보기, 원격근무처럼 일과 결합하는 살아보기, 그리고 지역으로 이주를 준비하기 위한 살아보기까지 점점 다양해지는 추세다.

그 가운데 가장 큰 비중을 차지하는 것은 더 깊고 색다른 여행으로서 살아보기이다. "여행은 살아보는 거야!"란 말도 있지 않은가? 기존 여행, 특히 패키지 여행으로 채워지지 않는 자신만의 프리미엄 체험을 하고 싶은 사람들에게 살아보기는 매력적이다.

에어비앤비의 최근 보고서[1]에서도 코로나 이후의 새로운 여행 흐름으로 '사는 것living'과 '여행travel'의 경계가 모호해지는 것을 언급하고 있다. 깊은 여행으로서 살아보기 흐름은 코로나 이후에도 여전히 거셀 것으로 보인다.

배움과 교육 역시 살아보기의 주요한 유형이다. 예전에는 자녀 방학 시기를 이용한 살아보기나 산촌 유학 등 자녀 교육 목적이 중심이었다면 최근에는 본인 자신을 위한 목적의 살아보기가 늘어나고 있다. 도심에서 쉽게 접하기 힘든 문화를 접하거나, 현장 체험과 실습을 할 수 있다는 점도 매력적이다.

또 다른 목적은 심신의 회복을 위한 것이다. 조용하고 깨끗한 자연환경 속에서 질병을 치료하거나, 요양이 아니라도 지친 몸과 마음을 추스르며 재충전하기 위한 것이다. 특히 이직이나 퇴직 등 삶의 중요

---

1. 에어비앤비 〈Airbnb report on Travel and Living〉 (2021.5)

한 순간에 자신을 되돌아보고 전환을 준비하고 실행하기 위한 살아보기 체험이 늘고 있다.

다음으로 최근 주목을 받는 살아보기 유형은 바로, 워케이션 worcation이다. 즉 일work과 휴가vacation가 결합한 형태로 '디지털 노마드'와 '워라벨' 그리고 '재택근무'의 흐름 속에서 등장했다. 원격근무remote work의 한 유형으로 볼 수도 있다. 코로나 상황 속에서 이루어진 재택근무의 경험이 매일 사무실에 모여 일해야 한다는 생각에 변화를 이뤄낸 것도 한몫했을 것이다. 기존의 업무를 지역에 가져가는 것뿐 아니라 지역에서 새로운 과제를 만들 수도 있는데, 점차 다양한 사례들이 만들어질 것이다.

마지막으로 귀농·귀촌 등 이주 준비를 위한 살아보기다. 이주 희망 지역에서 농사를 지어보거나, 자녀 교육 또는 사업 환경을 알아보며 얼마나 잘 적응할 수 있을지 알아보는 것이다. 인구 감소로 소멸까지 언급되는 지방 도시와 농·산·어촌 입장에서 가장 환영할만한 유형이다. 새 직장과 업무에 적응하는 인턴십이 필요한 것처럼, 이주를 희망하는 사람에게도 살아보기는 꼭 거쳐야 할 단계이다.

지금까지 살펴본 다양한 살아보기 형태가 서로 배타적인 것은 아니다. 두 개 이상의 목적이 결합하기도 하고, 시간에 따라 목적이 바뀔 수 있다. 여행으로 살아보기를 시작한 후 그 지역이 좋아져 이주를 준비할 수도 있고, 학습과 체험을 위한 살아보기가 일을 위한 워케이션 형태로 전환될 수도 있다. 되돌아보면 나의 강릉, 남원, 산청에서의 살아보기 역시 워케이션 형태로 시작했지만, 장기적으로는 이주를 위한 준비 단계라고도 할 수 있다.

살아보기 숙소를 찾는 방법

살아보기를 위한 목적이 정해지면 그 목적에 맞는 지역과 숙소를 알아보게 된다. 살아보기의 가장 많은 유형인 '살아보는 여행'의 목적으로 본다면, 강릉은 제주와 함께 최고의 선호 지역이며 숙박 여행은 물론 당일 여행에서도 가장 인기 있는 관광 도시 중 하나로 손꼽힌다. 기차로 2시간인 뛰어난 접근성에 바다, 숲, 습지 등 아름다운 자연환경과 고택, 커피, 맥주 등 문화 자원이 조화를 이루고 있기 때문이다. 한 달 살이 숙소나 안내 사이트에 따르면 제주, 강릉·속초·고성, 남해·통영·거제·여수 등이 인기 지역이다.

지역을 정했다면 살아보기 숙소를 찾아야 하는데 이게 쉽지 않다. 기존의 부동산 매매나 전·월세와 달리, 한 달 등 단기 주거 방식에 대해서는 아직 정보가 많지 않기 때문이다. 개인적으로 그동안의 살아보기 경험을 통해 숙소 구하는 방법을 종합해보면, 지인을 통한 소개, 숙박 플랫폼 업체나 지역 부동산 활용, 그리고 직접 숙소를 찾는 방식이 있다. 부동산이나 숙소를 찾기 위해서는 지역별 생활 정보 사이트나 살아보기 커뮤니티를 이용하는 것이 좋다.

이 가운데 가장 효과적이고 믿을 만한 경로는 단연 지인을 통한 방법이다. 거래에 따른 시간과 비용을 줄일 수 있고, 어느 정도 검증된 숙소를 구할 수 있기 때문이다. 하지만 자신이 원하는 지역에 지인이 있다는 보장이 없고, 또 있다고 하더라도 지인 역시 단기 숙소에 대한 정보를 갖고 있지 않을 수도 있다.

다음으로 생각할 수 있는 옵션은 온라인 플랫폼 업체를 이용하는 방법이다. 수수료가 들기는 하지만 직접 지역에 가지 않고도 숙소를 비교 검색할 수 있어서 아마도 가장 많이 사용되는 방법일 듯싶다.

이러한 플랫폼 업체로는 글로벌 기업인 에어비앤비를 비롯, 국내 기업으로 리브애니웨어, 미스터멘션, 스테이폴리오 등이 있다. 한 달 살이 숙소의 경우 많게는 50퍼센트 이상 할인을 제공하며 플랫폼 수

살아보기 숙소 정보를 제공하는 플랫폼 업체

플랫폼 업체		특징
⊘ airbnb	에어비앤비 www.airbnb.com	글로벌 기업으로 가장 많은 장단기 숙소 정보 보유. 웹과 앱 모두 가능.
Live Anywhere	리브애니웨어 www.liveanywhere.me	한 달, 보름, 일주일 등 살아보기 숙소 위주의 정보 제공. 유튜브 채널을 통한 숙소의 영상 정보도 제공. 앱 사용을 추천
미스터멘션	미스터멘션 www.mrmention.co.kr	리브애니웨어와 비슷하게 한 달, 보름, 일주일 등 살아보기 숙소 정보 제공. 웹과 앱 모두 가능.
STAY FOLIO	스테이폴리오 www.stayfolio.com	한옥 등 감성 숙소에 대한 정보가 강점이나 단기 숙소 비중 높음.

수료도 요금 안에 포함시켜 별도로 청구하지 않는 경우가 많다.

숙소를 구하는 또 다른 방법은 지역 부동산을 활용하거나 직접 발품을 팔아 찾는 것이다. 모든 부동산이 살아보기 숙소를 소개하지는 않지만, 최근 수요가 증가하면서 관련 매물을 취급하는 부동산이 조금씩 늘고 있다. 지역 부동산이나 숙소를 찾는 방법은 온라인 검색도 가능하지만, 지역의 생활 정보 사이트나, 살아보기 커뮤니티를 활용할 수도 있다.

예를 들면, 강릉의 경우 '강릉알림방(www.allimbang.com)'이라는 생활 정보 사이트가 있다. 부동산 검색란에 '한달' 등의 키워드를 입력하면 매물을 보유한 부동산을 찾을 수 있다. 또 살아보기 숙소 비중이 높은 '엘앤비코리아(blog.naver.com/wwdbk2000)'같은 부동산 업체도 있다. 수수료는 월세액의 일정 비율이거나 건당 일정액을 지급하는 방식인데 부동산마다 차이가 있다.

플랫폼 업체는 아니지만 살아보기 관련 커뮤니티에서도 숙소에 대한 정보를 얻을 수 있다. 예를 들면 네이버 카페인 '일년에 한 도시 한 달살기(cafe.naver.com/suddengongyou)'에서는 숙소 등 살아보기 관련 정보를 구할 수 있다. 하지만 직접 숙소와 연락해서 계약을 하고 비용도 지급해야 하기 때문에 번거롭고 개인 간 거래로 인한 위험이 따를 수 있다.

지자체 사업부터 알아보자

숙소를 구하는 또 다른 방법은 지역별 살아보기 사업에 참여하는 것이다. 물론 숙소를 직접 제공하지 않는 경우가 많지만, 여행, 체험, 숙소 등 살아보기 관련 다양한 정보를 제공하기 때문에 관심 지역이 정해졌다면 한 번쯤 살펴볼 필요가 있다.

현재 대표적인 지자체별 살아보기 사업으로는, 2019년부터 진행되고 있는 '전남에서 잘 살아보기', 2020년부터 시작한 '경남에서 한달살기' 등이 있다. 또 제천 등 일부 지자체에서 한시적으로 살아보기 사업을 운영하기도 한다. 살아보기 사업은 대부분 농촌, 관광 혹은 문화 관련 부서나 기관에서 운영하고 있다. 사업명을 모르는 경우 희망 지역의 시, 군 홈페이지에서 '살아보기', '한달살기' 등 관련 검색어를 입력하면 해당 사업과 부서를 찾을 가능성이 높다.

강릉을 예로 들어보자. 강릉시청 홈페이지에서 '한달살기'를 입력하면 '강원도 한달살기 지원사업'이 검색된다. 이 사업은 타 지역민을 대상으로 강릉 농촌에 일정 기간 체류하며 농촌을 체험하며 정보를 얻고 문화적 차이를 이해함으로써 안정적인 농촌 정착을 돕는 사업이다. 최소 7일에서 최대 30일간 머물 경우, 숙박비와 체험비를 합쳐 1일 5만 원까지 지원한다. 식비 등 생활비는 자부담이며 마을 프로그램 참여 및 교육 이수가 의무 조건이다. 향후 이 사업은 강원도 지원 사업에서 중앙정부 지원 사업으로 변경될 수도 있는데, 연초에

담당 부서인 농정과로 연락하면 그해의 사업 계획을 들을 수 있다.

이번에는 강릉시 홈페이지에서 '살아보기'를 입력해보자. 강릉시 문화도시지원센터에서 운영하는 '이주환대 프로젝트 강릉 살아보기' 사업에 대한 글을 찾아볼 수 있다. 이 사업 역시 2주 이상 강릉에 체류할 수 있는 타 지역민 대상이나 귀농·귀촌 성격이 강하진 않다. 숙박 및 체류 비용은 자부담이지만, 살아보기를 도와줄 지역 멘토와의 연결, 가이드북 제공, 지역 탐방 프로그램, 문화도시 사업 참여 등의 기회를 제공한다.

또한, 의무 조건이 없어 앞서 살펴본 농정과 사업보다 유연하면서도 다양한 활동을 경험할 수 있다. '강릉 살아보기' 사업의 경우 스마트폰에서 '시나미강릉' 앱을 설치하거나 네이버 밴드 '문화민회'를 가입하면 그때그때 최신 정보를 얻을 수 있다.

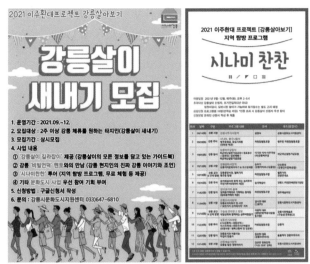

강릉 살아보기 모집 공고 및 제공 프로그램

시나미강릉 앱과 네이버 밴드 문화민회_강릉 화면

지자체의 살아보기 사업은 의무 사항 등 일부 제약이 있을 수 있지만, 개인의 필요와 맞는다면 살아보기 방식 1순위로 권하고 싶다. 내 경우에도 지역 내 멘토, 실질적인 정보 제공, 크고 작은 행사에 참여 기회를 얻는 등 매우 유용했던 것 같다.

월 생활비 100만 원으로 가능할까?

당연한 얘기지만 살아보기 비용은 숙소 위치와 상태, 살아보기 시기 등에 따라 천차만별이다. 원룸 형태의 숙소에서 한 명이 지낸다고 가정해보자. 전기, 난방 등 공과금을 합쳐 최소 50만 원 정도에서 시작해서 70만 원 전후의 숙소가 많았던 것 같다. 물론 방의 개수가 두 개 이상이거나, 시기가 여름 휴가철이거나, 바다가 보이는 위치이거나 하는 등의 다른 조건이 더해지면 그에 따라 비용도 상승한다.

생활비 역시 개인 승용차를 사용하는지, 여행을 많이 다니는지, 외

강릉페이와 강원상품권

식을 얼마나 자주 하는지 등에 따라 크게 달라진다. 내 경우 숙박비를 제외한 월 생활비로 약 100만 원 정도 지출했다. 외식을 포함한 식비와 생활비가 50퍼센트, 만남이나 친교를 위한 비용이 30퍼센트, 유류비와 톨게이트 비용 등 교통비가 20퍼센트 정도였다. 비용 지급은 가능한 경우 '강릉페이'와 '강원상품권'을 사용했는데, 사용 금액의 10퍼센트 수준의 지원금에 따른 할인 효과가 있다.

여행에서 느낄 수 없는 '강릉 살아보기'의 매력

'강릉' 하면 무엇이 먼저 떠오를까? 많은 여행객들이 바다, 일출, 커피, 정동진, 오죽헌 등을 언급한다. 하지만 하루 이틀 여행이 아니고 '강릉에서 살아보기' 과정을 준비하는 처지에서 강릉의 좀 더 깊은 내면을 들여다보고 싶다면 달라질 수 있지 않을까? 살아보기 탐색 과정을 기획하는 나부터가 강릉의 매력에 빠질 수 있어야 과정 참가자들도 그렇게 느낄 수 있을 것 같았다. 그러기 위해서는 고정된 일정이 아니라, 그때그때 현장에서 느끼고 발견한 내용에 따라 유연하게 계획을 수정할 수 있어야 할 것이다. 당연히 더 많은 시간과 애정을 들여야 했고, 이런 목적을 위해 나의 첫 번째 강릉 살이가 시작되었다.

　살아보기를 할 때 버릇처럼 확인하는 몇 가지가 있다. 첫째 인구다. 강릉의 인구는 21만 명이 좀 넘는데, 원주, 춘천에 이어 강원도 세 번째 도시다. 인구가 늘고 있는 원주, 춘천과 달리, 강릉의 인구는 완만한 감소 추세다. 면적은 서울의 약 1.7배 정도이니 작지 않다. 서울에서의 거리는 기차로 2시간, 버스로는 3시간이 채 안 된다. KTX 운행 전과 후, 강릉에 대한 이미지가 완전히 바뀌었다고 할 정도로 KTX 개통은 강릉, 특히 관광 산업에 큰 영향을 미쳤다.

지역 사회에 영향을 미치는 또 다른 요소로 대학과 병원이 있다. 다행히 강릉에는 국립대인 강릉원주대를 포함, 세 개의 대학교가 있고 병원은 강원도에 단 두 개만 있는 상급 종합병원 중 하나인 강릉아산병원이 있다. 백화점이 있냐고 물어보는 분이 가끔 있는데, 아쉽게도 강릉에 백화점은 없다.

여행과 출장으로 여러 번 강릉에서 묵었지만 숙소 구하기는 늘 고민거리였다. 지인 소개로 쉽게 좋은 숙소를 구했던 두 번째 살아보기 여행과 달리 첫 번째 살아보기 여행에서는 숙소를 찾는 일이 쉽지 않았다. 여름 휴가철로 접어들어서인지 온라인 플랫폼 업체에 올라온 숙소는 계획한 예산과 맞지 않았다. 지인을 통해서 알아보고 또 온라인 생활 정보 사이트에서 몇몇 숙소를 둘러본 후에야 원룸형 거처를 간신히 구할 수 있었다.

개인 승용차로 많은 사람을 만나야 했기 때문에 시내이면서도 주차가 편한 곳을 우선 고려했다. 몇 달간 비어 있던 숙소라 없는 것이 많아 이사하는 날 승용차엔 짐이 가득했지만, 여행과는 또 다른 살아보기에 대한 기대로 설렘도 넘쳐났다.

1 허균·허난설헌기념공원, **2 3** 경포가시연습지, **4** 국립대관령치유의숲

　이렇게 시작했던 강릉살이는 늦가을 두 번째 살아보기로까지 연장되었는데, 이 시간들을 통해 강릉 살아보기의 매력을 한층 더 느낄 수 있었다. 무엇보다 강릉의 자연을 빠뜨릴 수 없겠다. 강릉의 자연은 한 지역이 가질 수 있는 거의 모든 조건을 갖춘 듯했다. 늘 동경하는 깊고 파란 동해뿐 아니라 바다로부터 분리되어 만들어진 석호 그리고 습지까지 수변 환경이 발달해있다.

또 대관령과 시내 곳곳에 자리 잡은 아름드리 솔숲은 어떤가? 강릉살이 기간 중, 개인적으로 가장 자주 찾은 곳은 경포 가시연습지와 주변 솔숲이었는데, 많은 강릉 시민 역시 이곳을 '최애' 장소로 꼽고 있었다. 매력적인 바다와 석호, 습지와 숲을 이어주는 400킬로미터에 이르는 바우길까지 더해져 그야말로 강릉은 자연의 종합선물세트 같았다.

두 번째로 문학, 예술 등 강릉의 문화 자원을 들고 싶다. 기존에 잘 알려진 율곡 이이와 신사임당뿐 아니라 허균과 허난설헌 남매도 빼놓을 수 없다. 특히 허난설헌의 생애와 문학은 그녀의 비극적 생애와 어우러져 한번 접하게 되면 깊이 빠져들게 된다.

우리가 잘 아는 커피, 영화 등 큼직큼직한 축제뿐 아니라 고택 선교장에서 정기적으로 열리는 음악회, 작지만 매력 있는 현대미술관 대추무파인아트의 전시회, 강릉 자수를 활용한 디자인 제품 등 다채로

선교장의 음악회. 고택의 풍류, 풍류산책(왼쪽), 오르간 정기연주회(오른쪽).

성산면에 있는 임경당(왼쪽)과 대추무파인아트(오른쪽).

운 문화 콘텐츠는 강릉 살아보기의 활력소가 되기 충분하다.

살아보기를 하면서 갖게 되는 가장 큰 고민거리 중 하나는 하루 세 끼에 대한 고민이다. 먹거리는 고민이면서 또 하나의 즐거움이다. 저렴하면서도 한 끼 식사가 해결되는 메밀전과 감자전부터 옹심이, 장칼국수, 막국수까지 강원도의 특별 메뉴들을 주변에서 쉽게 맛볼 수 있다. 흔한 것 같으면서도 퀄리티가 다른 빵과 커피도 빼놓을 수 없는 강릉의 맛이다.

살아보기 숙소에서 3분 거리 빵집의 감자 치아바타는 살아보기 내내 나의 한 끼를 책임져 주었다. 손님을 핑계 삼아 조금 갖춰진 식사를 하고 싶다면 산채와 나물 정식을, 신선한 해산물을 찾는다면 횟집이나 제철 생선조림집을 찾을 수도 있겠다.

살아보기의 또 다른 기회는 지역 주민과 만남이다. 문체부 지정 법정 문화도시여서인지 다양한 주제로 이뤄지는 교육, 포럼 등이 많다.

이런 모임에는 외지인도 참여가 가능해 관심 주제별로 지역 주민을 만나고 강릉을 알아갈 수 있는 기회가 된다. 때로는 집에 초대받기도 하고, 제철 농산물을 얻기도 하며 또 다른 주민을 소개받기도 한다. 그러다 친해지면 강릉에 지인이 생기는 것이다.

강릉 살아보기 기간 중 참여한 지역 모임과 행사

요즘 여행의 트렌드 중 하나는 '프리미엄 체험'을 추구하는 것이다. 살아보면서 언제든 연락할 수 있고 교류하는 지역 주민이 생기는 것은 프리미엄 체험의 기회로 이어지곤 한다. 여러 곳을 다니는 일회성 여행도 좋지만, 여행의 경험이 더해질수록 살아보기의 매력에 빠지는 사람이 늘어가는 이유일 것이다.

낯섦을 통해 긍정적 자극을 경험하다

개인별, 상황별로 다양한 유형의 살아보기가 가능하지만, 그 속에서도 공통으로 얻을 수 있는 것이 있다면 '낯섦을 통해 얻는 긍정적 자극' 이 아닐까?

진정한 살아보기란 익숙한 소속감을 포기하고 낯섦과 고독 속에 자기를 던지는 것과 같다. 머무는 공간, 보이는 풍광, 마시는 공기, 만나는 사람 모두 낯설게 다가온다. 하지만 그런 불편함과 두려움은 내가 자발적으로 선택한 것이기에 기꺼이 호기심과 설렘으로 바꿀 수 있고, 그 설렘은 즐거움을 넘어 깨달음으로 이어지기도 한다. 이러한 깨달음은 인생의 선택지를 넓혀주고 삶의 새로운 아이디를 제공하면서 과거에는 할 수 없던 결심과 행동으로 이어지기도 한다. 이것이 바로 살아보기를 통해 내가 되고자 하는 '자유인'의 모습은 아닐까? 이와 더불어 나는 살아보기를 통해서 내 자신이 더 많은 것을 소유할 수 있

경포호 주변의 해질녘 풍경.

다는 것을 깨달았다. 그것은 누군가 가지면 다른 사람이 가질 수 없는 제로섬zero sum의 소유가 아니라 다른 이와 공유 가능한 소유이다. 내가 아끼는 경포호와 가시연습지에서의 해질녘 풍광은 다른 누구에게 뺏지 않아도 되며, 또 잃어버릴 염려 없이 내가 소유하고 즐길 수 있는 것이다. 이와 함께 현재 가진 것이 그리 대단한 것이 아님도 깨닫게 해준다. 마치 우주 관련 다큐멘터리를 보고 나면 웬만한 문제는 사소하게 느껴지는 것과 비슷하다.

동시에 내가 원하기만 하면 더 많은 것을 할 수 있다는 것도 깨닫게 된다. 짧게는 하루하루의 일정을 내가 자유롭게 정할 수 있다. 길게 보면 풀어야 하는 건지 몰랐던 문제도 알게 되며, 활동할 무대는 넓어지고, 활용할 자원도 많아진다.

농촌에 인구는 줄고 빈집은 늘어나는데 왜 빈집을 구하기는 어려운지, 좋은 취지로 시작한 마을기업은 실제 어떤 문제에 부딪히는지 등등. 이런 깨달음은 책과 교실 교육만으로는 얻을 수 없는, 길 위에서, 또 살아보기를 통해 얻는 성숙과 발전이라 말하고 싶다.

팬슈머 확대로 '관계인구' 늘려야

지금까지 살펴본 것이 참가자 개인 입장에서 살아보기였다면, 지역 관점에서 살아보기는 어떤 의미일까? 앞서도 살펴보았지만 요 몇 년 사이 지자체별로 다양한 살아보기 사업이 진행되고 있지만, 참가자의 만족도와는 달리 지자체의 만족도는 그리 높지 않은 것 같다.

귀농·귀촌 유도를 목적으로 하는 경우는 더 그렇다. 살아보기가 일회성 여행 심리를 지원하는 것에 그치기에는 그 투입 자원이 많기 때문일 것이다. 귀농·귀촌은 이민과 맞먹을 정도의 계기와 시간과 결단이 필요한 사건이다. 살아보기 참가자의 목적이 다양한 것처럼 지자체 살아보기 사업도 그 성격을 다양하게 가져가야 할 것이다. 물론 대부분 자원이 충분치 않기에 우선순위를 위한 지자체 전략이 필요할 것이다. 가장 합리적 지향점은 목적이 무엇이든지 참가자와 지

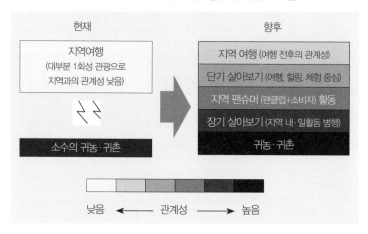

패스파인더가 지향하는
지역 여행, 살아보기, 팬슈머를 통한 관계 맺기 모델

현재	향후
지역여행 (대부분 1회성 관광으로 지역과의 관계성 낮음)	지역 여행 (여행 전후의 관계성)
	단기 살아보기 (여행, 힐링, 체험 중심)
	지역 팬슈머 (팬클럽+소비자) 활동
	장기 살아보기 (지역 내·일활동 병행)
소수의 귀농·귀촌	귀농·귀촌

낮음 ← 관계성 → 높음

역 간의 관계성을 높이는 것이다. 살아보기 목적의 여행이라도 일회성으로 끝나지 않고 지역에 정을 붙이고, 좀 더 깊은 단계의 또 다른 살아보기로 이어질 수 있도록 하는 것이다. 그런 흐름은 최근 지역에 주소를 둔 정주 인구와 대비되는 의미로 관계인구 또는 생활인구 등의 용어에서도 드러난다. 관계인구는 일본에서 지방 활성화의 목적으로 처음 사용된 개념으로 다른 지역에 주소를 두고 있지만, 해당 지역에 도움이 되는 인구를 가리킨다. 예를 들어 주소지 이전 없이 특정 지역에서 생활하고 소비하는 사람, 제2의 고향처럼 자주 찾고 소비하는 사람들을 그 지역의 관계인구로 보는 것이다. 지방 소멸의 시대에 지역과 교류하는 인구를 꾸준히 유지할 수만 있다면 고려해 볼 수 있는 개념이라 하겠다. 관계인구에서 중요한 것은 그 지역에 대한 교류와 소통의 정도, 그리고 질적으로 좋은 영향을 미치는 것이다. 따라서 현재 지역과 관계 맺음 없이 끝나는 일회성 여행 또는 극소수의 귀농·귀촌인만 가지고는 기존 인구 문제를 풀기 어려울 것이다. 지역에 애정을 갖고 살아보는 인구 또 지역의 팬클럽처럼 활동하며 지역의 상품과 서비스를 적극적으로 소비하는 계층(가칭 지역의 팬슈머)을 꾸준히 늘려가는 것이 관계인구 확대의 주요 디딤돌이 될 것이다.

강릉을 탐색하는 세 가지 방법

강릉의 깊은 내면을 들여다보기 위해서 겉으로 드러나는 명소뿐 아니라 그 이면의 활동, 일 그리고 사람에 주목했다. 강릉을 탐색할 수 있는 방법이 여러 가지 있겠지만, 우리는 ①자연과 환경, ②문화와 예술, 그리고 ③지역 기반 비즈니스와 이주(移住) 등 세 가지 주제로 나눠 탐색하고자 했다. 그러면서도 주제별로 여행지나 공간, 일과 활동 그리고 그 뒤에 있는 사람의 이야기를 공통으로 담고자 하였다.

이 책은 바로 이러한 강릉의 자연과 문화 그리고 이를 기반으로 일과 활동을 펼쳐나가는 사람들의 이야기이다. 강릉의 도심, 농촌, 산촌, 어촌에서 다양한 활동을 이어가는 사람과 기업, 기관을 만나는 것은 짧은 여행만으로는 할 수 없는 경험이 아니었나 싶다.

하지만 이러한 만남 속에서 강릉의 고민도 함께 담겼다. 개인적으로 가장 아프게 다가온 것은 강동면 해안가에 건설 중인 국내 최대 규모의 석탄발전소인 '안인석탄화력발전소'의 존재였다. 물론 국가적으로 필요성이 있었겠지만, 지금도 진행 중인 바닷가 침식 관련 논란, 향후 예상되는 미세먼지의 증가 등은 우리가 만난 여러 사람들이 우려하는 문제였다. 강릉의 가장 큰 매력 중 하나가 바로 그 어느 곳보다 맑은 공기와 종합선물세트 같은 자연환경이었기에 앞으로 계속 지역의 고민이 될 수도 있을 듯하다.

강릉 살아보기 여행을 통해서 우리가 만난 현지 사람들은 20여 명에 달한다. 열두 명의 여행자들이 다 담지 못한 또 다른 이야기를 만나는 것은 독자들의 몫으로 남겨두고자 한다. 하루 이틀 강릉을 둘러보는 것을 넘어 한 주, 아니 한 달 이상 머물며 강릉을 깊게 만나고 느껴보길 권해본다. 독만권서 행만리로(讀萬卷書 行萬里路), '만 권의 책을 읽고, 만 리 길을 떠나라'란 말이 있지 않은가? 이제 '만리(萬里)'의 길을 떠날 때가 되었다.

이 책은 처음부터 순서대로 읽을 수도 있지만 관심 주제별로 찾아볼 수도 있다. 읽는 순서는 중요치 않으나, 가능한 모든 글을 읽어보기 권해드린다. 서로 다른 공간, 다른 활동, 다른 사람의 이야기를 통해 입체적인 강릉을 만날 수 있을 것이다. 이제 길을 떠나 전에 알던 강릉이 아닌 새로운 강릉을 만나고, 새로운 관계를 만들 수 있기를 희망한다.

강릉 가실래요?

숲과 호수,
바다의 도시에 머물다

백남수

금융 공기업 부행장 퇴직자. 휴면 숲 해설가. 숲과 무협의 글을 쓰는 브런치 작가. 서울 75 산(山)을 정복 중인 걷는 이. 비정규직 강사. 옥탑방 사무실과 1인 연구소 설립 고민남. 방송통신대학 문화교양학과 편입생. 가끔 옛 회사 생각하는 미련남(未練男). 버킷리스트 읽다 난감해하는 신중년.

숲에서 나오니 비로소 숲이 보였다

중년 남자의 버킷리스트

"숲에서 나오니 숲이 보이네, 푸르고 푸르던 숲."

시인과 촌장의 하덕규는 〈숲〉이란 노래에서 자신의 젊은 날을 이렇게 노래했다. 직장이 숲이라면 나는 지금, 숲에서 나온 게 맞다. 저만치에서 보니 숲 안에서는 미처 보지 못했던 장면들이 보였다. 근 서른 해를 정형화된 틀 안에서 보냈다. 그래서일까 중년의 남자들은 내려놓고 싶고, 떠나고 싶어 한다. 버킷리스트 한 귀퉁이에 '떠남'이란 단어를 슬그머니 끼워 넣는다. 하지만 떠나기란 쉽지 않다.

살짝 일탈을 엿보긴 했다. 손쉬운 방법으로 집 떠나 한 달 살기다. '리브 애니웨어' 앱에서 강원도 고성과 경남 남해를 찾았다. 원룸 정도에서 머문다면 한 달에 100만 원 정도면 궁할 정도는 아닐 것 같았다. 읽다 덮어버린 머리 아픈 책 몇 권, 기타 하나와 악보 몇 장, 태블릿PC면 족했다. 할 줄 아는 요리는 없지만, 중년 남자는 먹는 일에 둔감하니 괜찮다. 떠나지 못하던 어느 날, 버스 안에서 "강릉 갈래요?"라는 문자를 받았다.

'그래, 이 정도면 괜찮겠지. 여행도 하고, 글쓰기와 책 만드는 방법도 가르쳐준다는데.'

며칠 뭉그적거리며 기행문을 썼고, 신청서를 보냈고, 면접을 보라는 연락을 받았다. 무슨 면접을 본다는 핑계로 방문을 걸어 잠갔더니 아내가 꼬치꼬치 캐묻는다. 합격하면 알려주겠다고 의뭉하게 넘겼다. 합격 후 순순히 자백했더니 오히려 덤덤한 반응이다.

"심심해 죽을 지경인 듯한데 마음대로 하세요."

대관령, 대굴령 그리고 강릉

홍상수 감독의 영화 〈강원도의 힘〉에서 여주인공이 탄 밤 기차는 청량리에서 중앙선을 타고 가다 제천에서 태백선, 묵호에서 동해남부선을 갈아 타고 거슬러 올라 강릉에 도착한다. 6시간 만이다. 자동차로 가려면 대관령을 넘어야 했다. 대관(大關)은 군사 요새이며, 풍수로 치면 큰 자물쇠 형국이다. 오래전 동예의 땅이었던 강릉, 영동과

가을 문턱의 대관령 모습. 멀리 대관령 옛길이 보일 듯하다.

영서의 경계로 드나들기가 험해, 강릉에는 "평생 대관령 한번 넘지 않고 사는 것이 가장 행복하다."라는 타령이 있을 정도다.

네이버 지도로 광화문에서 옛 강릉대도호부 관아까지 거리가 226킬로미터다. 옛길 자료를 보니 한양에서 강릉까지 닷새에서 엿새가 걸렸다. 옛사람 걸음이 하루 100리, 40킬로미터라 했으니 얼추 맞다. 지금 지명으로는 서울~양평~원주~평창~대관령~강릉의 길이다. 금강산 구경을 하려고 해도 강릉을 들러 북쪽으로 올라가야 했다.

강릉 대관령은 바람도 유명하고 눈도 유명한 곳이라. 겨울 한 철에 바람이 심할 때는 기왓장이 훌훌 날린다는 바람이요, 눈이 많이 올 때는 지붕 처마가 파묻힌다는 눈이라.

1908년 발표된 이인직의 소설《은세계》에 묘사된 대관령의 모습이다. "대굴대굴 굴러 내려갈 만큼 험하다."고 하여 '대굴령'이라고도 불렀다. 어쨌든 강릉하면 대관령을 떠올리게 된다. 바다와 커피와 단오제의 강릉도 좋지만, 진짜 강릉을 이해하려면 대관령에서 출발해야 한다. 대관령에는 '국립대관령치유의숲'이 있다.

가을 색깔로 물든 '국립대관령치유의숲'

영동고속도로 대관령IC를 빠져나오면 양떼목장이다. 국립대관령치유의숲은 이곳에서 자동차로 20분 거리로 대관령 동쪽 허리께쯤 터를 잡고 있다. 바우길 대관령 옛길을 걷는다면 제왕산과 오봉산을 지나 약 8킬로미터, 3시간이면 넉넉하다. 강릉 시가지와 송정해변, 남대천을 내려다보며 걷는 풍광을 어떤 말로 표현할 수 있을까?

치유의숲은 가을의 색깔로 가득했다. 한반도의 허파라는 강원도라 공기 냄새부터 다르다. 주변에는 아홉 개의 마디를 맺는다는 미백색 구절초가 가득하고, 보랏빛 꽃향유, 쑥부쟁이도 자태를 뽐낸다. 숲 안에 자리잡고 있는 치유센터 건물은 산수유, 향나무, 낙엽송과 함께 소나무가 병풍처럼 에워싸고 있어 동화 속에 나오는 집같다.

치유센터 앞 나무 계단 광장에 모여 '솔찬 도시락'으로 허기를 채웠다. 소나무의 '솔'과 음식의 '찬'을 합친 조어인지, 넉넉한 의미의 사투

국립대관령치유의숲에 위치한 치유센터 건물들. 나무를 소재로 한 친환경 건물이 유럽 동화 속 오두막을 닮았다.

리 '솔찬'인지 하는 실랑이는 밑반찬이다. 곤드레 주먹밥, 감자떡, 옥수수 등 지역 특산물이 '솔찬'하다. 밋밋한 맛이 사찰음식 먹는 느낌이지만, 건강식이라 청정 산소를 양념 삼아 남김없이 비웠다. 국립대관령치유의숲 김진숙 센터장이 도시락에 얽힌 이야기를 들려주었다.

"어흘리 주민들은 치유의숲이 들어서는 것을 탐탁잖게 여겼습니다. 차량 통행이 늘어나 혼잡한 것은 물론이고, 주민들이 운영하는 민박과 음식점 걱정도 했죠. 숙박 시설과 식당을 열지 않는다는 방침을 정하고, 상생의 방법을 고민한 끝에 탄생한 것이 솔찬 도시락이고, 지금 연 기천 만 원의 매출을 일으키는 마을의 효자로 자리매김했지요."

어흘리 마을 주민이 배달해 온 솔찬 도시락. 곤드레 주먹밥과 아기 옥수수, 감자떡, 산나물에 군침이 돈다.

별이 빛나는 밤에 소환한 오랜 기억들

1킬로미터의 소나무 숲길을 걷는 '오감 열고 걷기' 숲 체험 활동에 나섰다. 나이테 원반을 돌리며 녹슨 근육을 예열해 본다. 발바닥으로 땅을 움켜쥐는 듯한 동물 걸음을 흉내내며, 코로는 숲의 내음을, 귀로는 나뭇잎 소리를, 손으로는 나뭇등걸의 감촉을 느껴본다. 한아름 크기의 붉은 금강소나무 군락을 마주하며 숲의 천이(遷移)를 이야기한다. 1930년대 일본이 전쟁 물자 준비를 위해 베어낸 후 심었다고 하니, 나무들의 나이는 100살에 가깝다. 하늘을 올려보니 나뭇가지들이 수줍게 거리를 두고 있다. 역사의 굴곡이 나무를 통해 여전히 기억되고 있다니 경이롭다.

서편에 아득하게 보이는 풍력 발전용 바람개비와 영동고속도로를

국립대관령치유의숲 산림 치유 지도사들과 함께 하는 100년 소나무 숲 명상 체조를 하고 있는 필자. 여기저기서 들리는 앓는 소리가 즐거움으로 들린다.

보며 대관령과 선자령 옛길을 그려본다. 율곡 선생의 부친이 태몽을 꾸고 신사임당을 만나러 닷새 만에 넘었다는 길이다. 청량한 공기와 살랑이는 바람을 벗삼아 명상 체조를 하니 온몸의 세포가 분해되는 느낌이다. 라벤더, 솔잎 등 아로마 향을 맡으며 숲의 내음과 기운을 느껴본다.

국립대관령치유의숲 프로그램의 백미는 '대관령 숲, 별이 빛나는 밤에'이다. 오롯이 달빛과 감각에만 의존하여 어슴푸레한 숲길을 걷는다. 숲은 고요했지만, 보름에 가까운 달빛과 풀벌레 소리가 원시의 감수성을 자극한다. 국자 모양의 북두칠성을 찾다가 옛 생각에 잠긴다. 네 살이었나 다섯 살이었나? 어머니 일하러 간 사이 세 살 터울 동생의 점심을 챙기다 된장국에 뎄던 기억에 입꼬리가 살짝 올라갔다.

국립대관령치유의숲 체험 프로그램

'국립대관령치유의숲'은 강릉시 성산면 대관령 옛길에 자리 잡고 있다. 수령 90년 이상의 금강소나무로 조성된 산림 복지 복합공간이다. 선자령, 대관령, 제왕산, 오봉산 등 백두대간 등산로와 연계되는 천혜의 입지를 자랑한다. 건강측정실, 치유숲길, 치유 움막 등 치유 활동 공간과 함께, 생애 주기별로 맞춤형 치유 프로그램을 운영한다. 산림치유지도사와 함께 세러피, 숲 체험, 힐링 명상 등 다양한 프로그램을 즐길 수 있다. '치유의숲'은 햇빛, 경관, 피톤치드, 음이온 등의 산림 환경 요소를 이용하여 건강을 증진하고, 삶의 질을 향상시키기 위한 목적으로 설치되었다. 2008년 1호로 경기도 양평에 '산음치유의숲'이 개장되었고, 현재 전국에 37개의 '치유의숲'이 운영되고 있다.

프로그램	대상	내용
신사임당 숲 태교	임산부	태교 체조, 솔향 아로미 세러피
수리수리 숲 학교	청소년	숲속 놀이, 소나무 이야기 등
쏠쏘울 세러피	일반인	건강측정, 피톤치드 호흡, 치유 명상
솔수풀 톡톡패밀리	동반 가족	숲속 인터뷰, 가족 추억만들기
직장인 프로그램	직장인	오감 숲길 걷기, 낮잠 명상
솔향 나눔의 숲	소외계층 등	소나무 숲길 걷기, 숲 치유 활동
별이 빛나는 밤에	가족 및 일반인	야간 숲 명상, 별밤 茶세러피
백년 소나무 숲	일반인 및 단체	산림치유, 강릉 생태 탐방과 연계

얼레지가 숲으로 이끌다

김진숙 센터장은 우연히 만났던 얼레지가 자신을 숲으로 이끌었다고 했다. 춘설(春雪)을 뚫고 핀 암적색 자태(얼레지의 애칭은 숲속의 요

조숙녀)의 꽃을 보며 생명의 신비에 공감했고, 좋아하는 일을 하자 결심했다고 한다. 그런 인연으로 강릉 제1호 숲 해설가 타이틀을 얻었고,생명의 숲 활동을 거쳐 산림 치유로 박사 학위까지 받았다. 일과 취미를 양손에 거머쥐었으니 전생에 나라를 구했음이 틀림없다.

"우리 몸에는 숲을 그리워하는 유전자가 있어요."

김 센터장이 자주 하는 말이다. '사바나 이론Savanna theory'에 따르면 사람의 DNA에는 숲의 기억이 아직도 각인되어 있다고 한다. 따져 보니 그렇다. 인류의 조상 루시가 출현한 때는 400만 년 전이지만, 800만 년 전까지 거슬러 올라가면 초기 인류를 만난다. 호모 사피엔

국립대관령치유의숲 김진숙 센터장이 방문객들과 함께 숲 체험 활동을 하고 있다. 황갈색 단풍 뒤로 백두대간이 어렴풋하다.

스가 숲을 벗어난 때가 1만 년이 못 되었으니 인류는 역사의 99퍼센트를 숲과 함께했던 셈이다. 인간은 숲을 사랑하지 않을 수 없도록 설계된 존재인 것이다.

지역 상생과 사회공헌은 국립대관령치유의숲이 갖고 있는 또 다른 모습이다. 장애인, 소외계층 등 사회적 약자를 대상으로 하는 '솔향 나눔의 숲' 프로그램을 비롯해서 소방서, 산불대응 종사자, 자활 돌봄센터 등과 다양한 치유 프로그램을 연계하고 있다. 지역난방공사, 소셜 벤처 트리 플래닛, 어흘리 주민이 함께 힘을 모아 목공품, 도시락, 아로마, 꽃차를 생산, 판매하고 있다. 최근에는 어흘리 마을에 상

쭉 뻗은 백년 소나무 숲. 나뭇가지들이 수줍은 모습으로 거리 두기를 하고 있다. 수관 기피 현상 혹은 꼭대기의 수줍음이라고도 한다.

생 숲 'We 포레스트 1호'를 조성하고, 생강나무 등 나무 2,000그루를 심었나. 지난해 6,600여 명이 국립대관령치유의숲을 찾았다고 한다. 시간당 5,000원의 소박한 이용료에는 많은 사람이 숲을 찾아 위로받았으면 하는 바람이 담겨 있다. 별도의 숙박 시설이 없어 횡계, 정동진의 숙박 업소와 지역 민박을 연계해 준다. 코로나로 지친 사람들에게 아주 유용한 프로그램이 아닐까? 기회가 닿을 때마다 주변의 지인들에게 권유하고 있다.

숲 일자리의 희망, 산림 치유

강릉의 숲과 함께하고 싶지만, 뭘 해야 할지 몰라 머릿속이 뒤죽박죽이다. 숲 해설가, 숲길 등산 지도사, 산림 치유 지도사와 같은 산림 복지 전문가의 길을 두드려 봐도 좋을 것 같다. 200시간 내외의 교육 과정을 이수하면 자격증을 딸 수 있는데 지금까지 2만 3,000여 명의 산림 복지 전문가가 배출되었다고 한다. 숲에 관한 관심이 빠른 속도로 높아지고 있는 점은 고무적이다. 어느 봄, 산수유, 복사꽃, 살구꽃 등 꽃 피는 순서를 해설하고 있는 내 모습을 상상해본다. 현대인들은 '자연 결핍 증후군'이란 질환을 폭넓게 앓고 있다고 한다. 김 센터장에게 우울증, 스트레스, 공황장애 등 심리적 증후 환자를 산림 치유를 통해 회복시킬 수 있을지 물었다.

"독일은 일찌감치 산림 치유가 발달했습니다. 의사 처방만으로 산림 치유 마을에서 한 달을 쉴 수 있지요. 마을에는 의사와 간호사가 배치되어 있고요. 우리나라에서도 산림 치유에 관한 논의와 연구가 활발히 진행 중입니다."

독일에는 300여 개의 숲 치유 전문 마을이 있다. 작은 온천 도시 '뵈리스 호펜'은 자연 요법과 산림 치유의 효시 격인 마을이다. 물 운동, 정원, 노르딕 워킹 등 프로그램을 운용하고 있으며 40세 이상 국민이면 누구나 4년에 한 번, 3주 동안 무료로 활용할 수 있도록 했다. 우리에게도 그런 날이 빨리 오기를 손꼽아 기다리고 있다. 강릉의 명품 버드나무맥주와 함께한 시간은 하염없이 흘렀다. 버드나무를 이야기하자면 아스피린부터 버들잎 띄운 두레박 전설까지 몇 시간은 거뜬하겠지만 아쉬운 작별을 했다.

강원도 산촌에서 빈집 찾기란 옛말

강릉의 동쪽은 바다지만, 서쪽과 남쪽은 산으로 둘러싸여 있다. 왕산면은 강릉 남쪽에 있는 산골 마을이다. 재를 넘으면 남한강 물길의 출발지 정선 아우라지와도 연결된다. 해발 700미터 이상 고원에는 각종 고산식물과 야생화로 어느 계절에 가도 장관이다. 왕산면 덕우산

중턱에서 야생화 농장과 약초체험 마을을 운영하고 있는 사단법인 임업후계자협회 최무열 회장을 만났다. 최 회장은 2018년 임업후계자협회 11대 회장으로 선출되어 3년 임기를 무사히 수행하고 다시 연임 중이다. 쉰 후반의 나이지만 주름살 없는 구릿빛 피부에 은발, 범상치 않은 눈빛이 흡사 스라소니 같다. 농사꾼이나 산림쟁이로 불러달라고 하지만 산림 정책에 관심이 많아 뒤늦게 관련 분야의 석사 과정을 밟고 있는 만학도이기도 하다.

숲 해설가, 농촌 체험 관광 해설사 자격증도 갖고 있다. 원래 직업인 농사와 야생화 농장의 근황을 물었더니 '자연 농법, 태평 농법'이 소신이라 알아서 자라도록 내버려둔다며 환하게 미소짓는다. 농작물은 주인 발걸음 소리를 듣고 자란다는 말이 무색하다.

"빈집을 알아봐 달라고요? 요즘 산촌에 빈집이 전혀 없습니다. 팔겠다는 사람은 없고, 사겠다는 사람만 줄 섰습니다. 완전히 달라졌죠."

귀촌을 꿈꾼다면 살 곳이 먼저지만 내 질문 자체가 어리석었다. 영화 〈리틀 포레스트〉와 예능 프로그램 〈슬기로운 산촌생활〉이 귀촌 생활의 로망에 불을 지폈다. 최근에는 '촌(村)캉스', '산촌 감성'이란 신조어도 등장했다. 자연과 힐링에 관한 관심은 여가주택(세컨드하우스) 수요 폭발로 이어져 고성, 속초, 양양 등 동해안을 낀 작은 도시의 집들은 씨가 말랐다. 특히 강릉은 두 시간이면 수도권 진입이 가능하다는

KTX 특수를 톡톡히 누리고 있다.

미세먼지 없는 청정 도시라는 매력 때문에 직장인들까지 가세하고 있다. 지인 중 몇 명은 아예 속초 아파트를 샀거나, 강릉, 주문진 외곽의 집을 장기로 빌려 쓰기도 한다. 아내 눈치를 봐가며, 고성 화진포, 속초 영랑호, 양양 오일장, 주문진 등대 주변의 집들을 눈여겨봤지만, 가격이 결코 만만치 않았다.

최 회장에게 산촌에서 집 짓고 사는 방법을 물었더니 자신의 유튜브 채널, '열무 TV'를 소개해 준다. '열무 TV'는 최 회장 부자(父子)의 작품이다. 숲과 산, 야생화와 약초, 집짓기 등 산촌 살이 관련, 200여 개의 영상이 알차다. 구독자 수는 무려 12만 5,000명이다. 산속 집짓기, 싸리나무 열매로 무좀 치료하기, 생강나무 잎으로 삼겹살 싸 먹기, 남성에 좋은 가시오갈피 같은 생활 정보의 조회 수가 높다.

삼백 년 전 사람 홍만선이 쓴 책 《산림경제》가 떠올랐다. "꽃과 대나무를 심고, 새와 물고기를 기르는 일이 산림경제(山林經濟)", 즉 임업이라 했다. 지금의 관점에서 어떻게 말할 수 있을까?

"저는 임업 대신 '숲 산업'이라고 부릅니다. 친근하지 않습니까? 산림청에서는 '산림살이'라는 브랜드를 사용하고 있고요. 임업 인구는 채 20만 명에 미치지 못할 만큼 영세하고, 고령층 인구가 많지만, 젊은층이 외면하고 있는 점이 큰 문제입니다. 하지만 블루오션의 영역이라고 분명히 말씀드릴 수 있습니다."

임업후계자협회 최무열 회장이 '열무 TV'에서 산속 집짓기를
설명하고 있다.

임업을 굳이 블루오션이라고 주장하는 이유가 무척이나 역설적이
다. 지금이 바닥이니 오로지 올라갈 일만 남았다는 의미다. 코로나로
인해 비록 반강제였지만 사무실에 출근하지 않아도 되는 시대를 경
험했다. AI가, 플랫폼이, 정보기술이 발달할수록 그런 직업군은 더욱
다양해질 수밖에 없다. 도시 인구를 지방으로 분산하는 정책과 병행
되면 골칫거리인 부동산 열기를 식히는 방안이 될지도 모른다.

"민둥산의 악몽을 모르지 않고, 환경이 지닌 가치 또한 잘 압니다. 하
지만, 먹고 사는 문제에도 관심을 가져야 합니다. 환경과 경제가 공존
하는 방법을 찾아야 합니다. 지금 산촌 인구 비중이 2.8퍼센트인데, 이
대로 가면 2040년에는 산촌에서 사람이 완전히 사라질지 모릅니다."

최 회장은 "숲이 살아야 나라도 살고, 경제도 산다."고 강조한다. 설
악산 케이블카 설치에 대해서도 다른 생각을 드러낸다. 산양 서식지

보존을 위해 반대하는 처지도 이해하지만, 등산객이 뿜어내는 이산화탄소와 소음, 버려지는 쓰레기가 오히려 더 환경을 해치는 것은 아닌지 냉철하게 바라보자고 했다.

지리산 노고단 케이블카가 다시 추진된다는 뉴스도 들린다. 사실 노령층이 설악산과 지리산 정상을 오르기란 불가능하다. 두 산을 네다섯 번을 올랐던 나로서도 지금은 여간해서는 마음먹기 어렵다. 이들에게도 설악산과 지리산의 절경을 체험할 기회는 줘야 하지 않을까? 환경 보호와 생태 보존의 문제는 당연히 고려해야 하겠지만.

촌캉스, 산골 감성에서 블루오션을 찾다

숲에서 무엇이건 할 수 있을 것 같지만, 막상 찾으면 잡히지 않는다. 희망을 걸어 볼 순 있다. '촌(村)캉스'로 대변되는 산촌 살기, 농촌 살기가 세간의 관심을 끄는 데 성공했다. 산림과 자연환경 인프라 또한 새로운 벤처의 씨앗이 될 저변을 갖췄으니, 숲 산업은 성장할 일만 남았다. 그런데 지금 산에 오두막 한 채 짓기조차 불가능하다. 산 꼭대기에 별장을 지을 수 있을 정도로 규제를 풀어야 하지 않을까?

산촌 체험 프로그램은 도시인들로 늘 북적인다. 숲 해설가 자격을 얻고 나서 몇몇 동기들끼리 산림복지조합이나 사회적 기업을 만들자는 의견을 나누었다. 그때는 남의 일이라 여겼는데 의외로 가까이 다

강릉 왕산면 덕우산에 위치한 왕산약초체험마을의 모습. 버려진 5,000평의 산지를 개간해서 만들었다.

가왔다. 산촌 체험 테마공원을 생각해 봤다. 숲 해설가와 함께 하는 숲 탐방, 야생화 관찰, 약초 캐기, 트리하우스, 목공 등 소재는 끝이 없다. 힐링과 치유, 관광을 융합하면 그 효과는 배가될 것이다. 숲 해설가 동료들과 진지한 대화를 나눠볼까? 다만 투자 자금을 어찌 마련할지 난제다.

강릉의 나른함, 에너지 그리고 게으름!

〈나는 자연인이다〉는 10여 년 동안 계속되고 있는 장수 프로그램이자, 인기 프로그램이다. 강릉 살이를 체험하러 간다고 했더니 어

강릉 북단 주문진 소돌바위에서 만난 일출. 이곳은 바우길 12구간의 일부이기도 하다.

떻게 하면 자연인처럼 살 수 있는지 꼭 물어봐 달라는 주문이 많았다. 귀산·귀촌을 취미와 환상으로 접근하면, 반드시 실패하고 만다는 것이 내 결론이다. 역(逆)귀촌 비율이 35퍼센트나 된다는 점을 상기해 보았으면 한다.

강릉에 머물며 숲과 자연, 힐링의 가치를 맛보고 배웠다. 역시 현장에 답이 있었다. 지금 누군가 숲에 대해서 묻는다면 아마추어의 경계선을 넘는 대답을 해줄 수 있을 것 같다. 숲은 마지막 블루오션 산업이라는 점에 격하게 공감한다.

"선배님이 부러워 죽겠어요. 힘들 때 선배님을 생각합니다. 퇴직하는
그날만 기다리고 있어요. 진심입니다."

후배의 뜬금없는 흰소리가 어이없다. 하긴 나 또한 직장을 다니며 그런 불순한 생각을 하곤 했었다. 휴식이 필요했으리라. 보름을 강릉과 주문진에서 머물며, 숲과 바다, 호수를 걸었고, 일출을 기다리며 마음을 다졌다. 하나만은 분명하다. 사람은 숲과 자연을 사랑할 수밖에 없다는 사실 말이다. 그렇다면 강릉은 대안으로 넉넉하다. 다만 아내의 걱정을 걱정한다. 숲과 자연을 사랑하는 거야 좋지만, 혹시 전원주택이라도 덜컥 계약하고 오지 않을까, 남편의 결단(?)을 경계하는 눈빛이다.

　　영화 〈강원도의 힘〉을 다시 봤다. 누구는 "나른한 풍경 속에 들끓는 에너지를 숨기고 있는 양면성의 고장"이 강릉이라고 했다. 강릉의 그 나른함과 에너지는 과하지 않을 정도로 매혹적이다. 그리고 강릉은 내게 더 천천히 가도 좋다고 속삭인다.

　　"조금 더 게을러져도 좋은 계절이다. 하늘도 바람도 모두 투명해지는 시간"이라고 했던 제주도 시인 이종형의 〈가을 안부〉 몇 구절을 나지막이 읊어 본다.

김영희

어릴 적 꿈을 이루었다. 영어 선생이 되어 서울의 이곳저곳에서 중·고등학생을 가르치다 명예퇴직 했다. 목공, 요리, 독서논술토론을 배우며 흥미를 느꼈다. 이제부터는 정상을 정복 하기보다 둘레길을 걸으며 여유 있게 주변을 돌아보겠다. 독서, 산책, 여행을 즐기는 인문 백수가 되어, 그물에 걸리지 않는 바람처럼, 인연에 따라 쓰임이 되는 삶을 살아가려 한다.

순포습지·경포가시연습지·유리알유희 비치코밍

강릉 바다에서 찾은 '보석' 같은 삶

인생 1막의 커튼을 내리다!

"금방 심심해질 거야. 다시 생각해봐."

교직을 떠나겠다고 했을 때, 가족과 친구들은 내 결정이 의외라는 반응을 보였다. 남들이 부러워하는 직업을 왜 그만두냐며 퇴직을 말렸다. 내 몸이 신호를 보내고 있었다. "너의 삶을 돌아봐라, 너의 몸을 보살펴라."라고.

쉴 틈 없이 가정과 직장 일을 병행하다보니 얼굴에 발진이 수년째 올라왔다. 성인 여드름이라고 했다. 원인은 스트레스였다. 좋다는 민간요법을 이것저것 시도해보고, 서울에서 유명하다는 피부과와 한의

원을 전전했다. 대인기피증이 생길 정도로 신경 쓰이고 힘들었다. 설상가상으로 어느 해 건강검진을 해보니 갑상선에 모양이 나쁜 종양이 있다는 결과가 나왔다. 조용히 절에서 지내보고 싶어 정토회의 5박 6일 마음수련 프로그램에 참여했다. 인생의 타임라인에서 굵직한 궤적을 남기는 경험이었다. 불교 공부를 시작했다. 비록 2년여의 짧은 공부였지만 삶이 바뀌는 것을 느꼈고 세상 보는 눈도 넓어졌다. 사람은 누구나 죽는다. 하늘 아래 영원한 것은 없다.

"퇴직 후에는 꼭 무엇을 하지 않아도 돼."

퇴직 전에는 느긋하게 등산을 하고 싶어도 늘 시간이 부족했다. 방학 기간에 시간을 낼 수 있어서 항공권이 가장 비싸도, 가장 덥고 추워도 그 시기에 여행을 떠났다. 잠을 줄여가며 책을 읽었다. 허겁지겁 먹는 고질적인 나쁜 습관도 생겼다. 퇴직을 하면 더이상은 시간의 노예가 되지 않아도 된다. 그동안 꿈꿔 왔던 '인문백수'가 되어 산책, 독서, 여행을 마음껏 할 수 있다. 영화 '인턴'에서 70세인 벤(로버트 드 니로 역)이 퇴직 직후의 생활을 회상하는 장면이 있다.

"참신해서 즐겼어요. 마치 무단결근하는 느낌이었죠."

'초보 퇴직자'로서 매일이 인센티브를 받는 것처럼 즐겁다. 하루 온종일이 오직 나의 것이고 정해진 업무를 해내야 하는 압박감도 없다. 퇴직 첫해는 '나를 탐색하는 해'로 정했다. 목공, 요리, 독서논술토론을 배웠는데 그동안 경험해 보지 못했던 것을 해보는 재미가 있었다. 평생 머리만 주로 쓰고 살아왔는데, 도구를 사용해서 요것조것 작업하는 요리와 온 힘을 쏟는 목공이 특히 재미있었다.

여러 해 전부터 서울을 베이스캠프로 정하고 순차적으로 다른 지역에서 살아보고 싶다는 생각을 해왔다. 퇴직을 했으니 이제 시도할 일만 남았다. 강릉은 숲, 바다, 호수, 커피의 고장이고 내가 좋아하는 매력적인 것들로 가득하다. 첫 지역은 소나무 향 가득한 강릉이 좋겠다.

〈가을 아침〉에서 양희은이 노래한다. "파란 하늘 바라보며 커다란 숨을 쉬니 드높은 하늘처럼 내 마음 편해지네."

오죽헌에서 경포호로 이어지는 가로수가 조금씩 노랗고 빨갛게 물들고 있다. 시월의 어느 멋진 날에 강릉을 여행하는 행운을 누리고 있다. 강릉 날씨는 변화무쌍했다. 대관령과 선자령이 한눈에 보였다가 온통 먹구름에 가려지기도 했다. 멀리 빗줄기가 빗금처럼 내리는 것이 희미하게 보였다. '무월랑과 연화부인'의 애틋한 사랑 이야기가 깃든 월화거리를 지나 남대천으로 걸어가던 중 갑자기 비가 우박으로 변했다. 얼른 다리 밑으로 피신했다. 하늘은 구슬 아이스크림 같은 작은 얼음을 사선으로 퍼부어댔다. 바지가 젖고 신발이 질벅질벅했다.

한바탕 요동을 치고 난 뒤 놀란 마음을 달래주기라도 하듯 하늘에 커다란 무지개가 나타났다. 강릉을 배경으로 한 영화 〈내가 고백을 하면〉에 이런 대사가 있다.

"한 번쯤, 마음이 움직이는 대로 행동해봐. 더 늦으면 힘들어."

피곤한 서울 생활을 피해 주말마다 강릉으로 가는 남자 주인공이 강릉을 좋아한 이유를 알 것 같다. 강릉에서는 숲, 바다, 커피, 맛있는 음식을 모두 즐길 수 있다. 무엇보다 자연이 만들어 준 호수와 습지가 있다. 강릉에 오길 정말 잘했다.

가을날 조용히 습지를 산책하는 기분

여행을 할 때면 꼭 둘레길, 호수길을 걸어본다. 매주 동료들과 퇴근 후 도봉산, 수락산을 오르던 때가 있었다. 피곤함에 찌들어 힘겹게 산 초입에 들어서면 묵직하게 누르던 두통이 어느새 사라졌다. 나무로 가득한 푸른 숲이 좋았다. 마음이 고요해지고, 복잡한 생각들이 가라앉았다. 물길을 따라 걸을 때도 같은 경험을 했다.

나무와 풀을 관찰하고, 자연을 좋아하면 나이가 들었다는 증거라

순나물이라고도 불리는 순채는 연못에 자생하며 모양은 연꽃잎과 비슷하다.

고 한다. 이제는 크고 화려한 관광지보다는 수수한 자연 그대로의 공간들이 더 좋다. 강릉에서 만났던 순포습지가 꼭 그랬다. 순포(蓴浦)는 동해안 18개 석호(潟湖) 중 하나로 과거 이곳에 순채(蓴菜)라는 나물이 많이 자생했기 때문에 지어진 이름이다. 순나물이라 불리는 순채는 연꽃, 연잎과 비슷한 모양이고 환경부 지정 멸종 위기 2급 생물이며 순포습지의 깃대종이다. 순포에는 사라졌던 순채를 복원 중인 연못이 있다. 뿌리가 달려 있는 순채 줄기 50분을 고성에서 분양을 받아서 서식지를 조성해 놓았다. 여름에 화사한 꽃이 피었을 해당화는 빨간 열매를 품고 있다. 한적하고 평화로운 분위기를 좋아하는 강릉 사람들이 순포습지를 찾는 것 같았다. 생태 탐방로를 따라 천천히 걸으면서 여유 있게 수생 식물을 관찰하기에 좋은 곳이다.

"아침에 해가 뜰 무렵에 나와서 한 곳에서 몇 시간 동안 새를 촬영하는 데 시간을 보냅니다. 새들마다 특정 시기에 나타내는 행동과 생태를 이해하고 사진을 찍죠."

순포습지를 관리하는 강릉시청 환경과 박효재 주무관은 "철새를 관찰하려면 봄과 가을에 방문하는 것이 좋다."고 귀띔했다. 갈대숲 근처에서 귀를 기울이면, 다양한 새들이 지저귀는 소리를 들을 수 있다. 박새, 재두루미, 왜가리, 원앙들이 근처에 서식하고 있다는 것을 저

강릉시청 환경과 박효재 주무관(오른쪽 첫 번째).

마다 알려주는 소리다. 풀, 수초, 물길을 따라 이어진 탐방로를 돌아보고 나오면 아담한 소나무 숲이 있다. 숲에 앉아 요가나 명상을 하면 건강이 저절로 좋아질 것 같다. 해질 무렵 마음이 통하는 지인들과 하늘을 물들이는 노을을 감상하면서 차를 나눠 마시는 상상도 해본다. 순포습지는 경포호처럼 크고 화려하지는 않지만 조용하고 평화롭다.

한 장의 흑백 사진이 소명으로 이어지다

조류 전문가인 박효재 주무관은 2010년쯤 우연히 경포호의 옛 사진을 보게 됐다. 지금보다 약 3배나 넓었던 경포호. 불현듯 어릴 때 자주 찾았던 경포호의 옛 모습을 떠올렸고 강릉시청에서 주관하는 경포호 복원 사업에 참여하기로 결심하게 되었다. "석호의 원형을 찾아보자."고 생각했다고 한다.

자연의 물길을 막으면 고유 생태계가 교란되고 물고기가 폐사하게 된다. 수질이 오염되어 수(水) 생태계가 악화되면 그제야 사람들은 사태의 심각성을 느끼게 된다. 호수를 매립해 농지로 만들고, 경포천의 물길을 끊은 잘못을 되돌리는 데 7년 이상의 시간과 200억 원 이상의 세금이 들어갔다고 한다. 이렇게 복원된 습지는 축구장 40개 정도 규모로 고니, 가시연, 순채, 각시수련 등 다양한 멸종 위기 생물들의 보금자리가 되었다.

경포호 주변 농경지를 매입해서 습지로 조성하는 과정에서 묻혀 있던 '보물'을 발견했다. 경포 상류에 가시연이 자랐다는 기록이 있었는데 혹시나 하고 땅을 파보니 가시연의 씨앗이 나왔던 것이다. 가시연은 환경부 지정 멸종위기동식물 2급 식물이다. 잎의 지름은 최대 2미터 정도로 넓고 온통 가시로 덮여 있다. 한해살이 식물인데 수질 오염에 취약하고, 자라는 데 넓은 공간이 필요하다.

오래 묵혀 두었던 농지가 가시연이 잘 자랄 수 있는 습지로 바뀌니 몇십 년 동안 발아를 기다리던 가시연 매토종자가 작은 화살 모양의 싹으로 돋아났다. 자연스럽게 복원된 습지의 이름도 '경포가시연습지'로 정해졌다.

강릉가시연습지에 마련된 포토존.

줄기와 잎 위에 뾰족한 가시가 돋아나 있는 가시연.

강릉의 습지에 잠겨보자!

▶ 경포가시연습지

흐드러지게 피어있는 '연꽃'과 신비의 꽃 '가시연'을 볼 수 있는 생태 습지공원. 수달이 되돌아오고 멸종 위기의 희귀 생물들이 서식하고 있다. 옆으로는 경포 호수를 낀 한적한 산책로가 조성되어 있는데, 걸으며 다양한 야생화와 '조각공원'을 감상할 수 있다. 큰고니, 원앙, 백로, 해오라기, 청둥오리 등을 사계절 내내 관찰할 수 있다. 자전거타기, 산책하기, 사진 촬영 등 삶의 여유를 즐길 수 있다. 강릉 사람들에게 허파와 같은 공간이다.

▶ 순포습지

2011년부터 생태 복원 사업이 시작되어 순채가 되살아나고, 새와 동물들이 서식하기 시작했다. 사람들에게 알려지지 않아 조용한 편이다. 수변에는 왕버들과 보리수가 있고, 여름에는 해당화가 피며, 생태 탐방로를 따라 걸으며 습지 해설사의 생태 해설을 들을 수 있다.

▶ 경포생태저류지

집중 호우 시 하천 범람 우려가 있어 수해로부터 인명과 재산을 예방하고자 설치되었다. 강릉의 명소 오죽헌과 경포호 사이에 있다. 예쁜 가로수길이 있어 이야기꽃을 피우며 산책을 즐기기에 좋다. 봄에는 유채꽃, 가을에는 코스모스가 넓은 들판에 펼쳐져 장관을 이룬다. 백로, 청둥오리, 두루미 등 철새들을 볼 수 있다.

문의: www.gnecotour.com(강릉생태관광협의회)

경포에 새로 뜬 여섯 번째 '달'

경포에는 다섯 개의 달이 떠오른다고 한다. 하늘에 떠 있는 달, 바다에 일렁이는 달, 호수에 비친 달, 술잔에 담긴 달, 임의 눈에 비친 달. 경포가시연습지가 복원된 후 달이 하나 더 생겼다. 바로 수달이다. 경포가시연습지 깃대종의 하나인 수달이다.

야생 황새 '강릉이'에 관한 일화가 있다. 2016년 일본 효고현에서 야생 황새를 방사했다고 한다. 이 황새가 일본에서 러시아로 날아갔다가 강릉 습지에 잠시 들렀는데 박효재 주무관이 발견하여 '강릉이'라는 이름을 지어 주었다. 방사 후 1년 동안 관찰이 안 되면 폐사한 것으로 간주하는데 황새를 찾았다는 소식이 일본 효고현으로 전해지자 일본에서도 화제가 되었다. 황새를 날려 보낼 당시 초등학교 4학년이었던 학생들이 발견해줘서 고맙다며 감사 편지를 보내왔다고 한다.

2021년 '세계 환경의 날'을 맞아 강릉 시민 50여 명이 가시연습지 내 '한 평 정원'에 자신의 나무를 심었다는 기사를 본 적이 있다. 탄소중립의 의미를 생각해보고 나무가 우리에게 주는 이로움을 되새겨보자는 뜻이라고 했다. 경포호의 굴곡진 매립과 복원의 현장에서 생각해본다. 당장 눈앞의 이로움에 눈이 멀어 자연을 개발하는 것은 되도록 삼가야 하지 않을까? 개발을 진행할 때는 다음 세대에게 미칠 영향을 고심해야겠다는 생각이 들었다.

해변 산책로를 사부작사부작 걷다

어릴 적 물에 빠져 허우적거렸던 경험이 트라우마로 남아있다. 그 때문에 여행을 하면서 즐길 수 있는 절반의 즐거움인 수상 레포츠를 경험할 수 없다. 남들은 스노클링을 하면서 물고기 떼와 수영하고 산호를 보며 감탄할 때, 나는 발이 닿는 얕은 물에서 모래와 해초를 쓸쓸하게 들여다본다. 하와이 와이키키해변에서 남편과 아들이 서핑 강습을 받으며 바다에서 이리 저리 구르며 즐길 동안, 나는 커다란 튜브를 타고 어린애처럼 물장구를 치며 놀았던 적도 있다.

하지만 바다를 바라보고, 해변을 산책하고, 노천카페에 앉아 커피를 마시고, 곰솔 숲을 산책하는 즐거움은 얼마든지 누릴 수 있다. 강릉의 남항진 아라나비 솔바람다리에서 출발해서 바다를 바라보며 산책하다보면 마음이 상쾌하고 가벼워진다. 서너 사람이 도란도란 얘기하면서 걸으면 발걸음이 저절로 움직이는 듯 착각이 든다.

얼마쯤 걸었을까. 커피 거리로 유명한 안목해변에 도착했다. 예전에는 길을 따라 커피 자판기가 길게 늘어서 있었던 곳이다. 대관령과 선자령이 다락처럼 펼쳐진 곳에 살고 있는 강릉 사람들이 갑갑할 때 커피 한잔을 들고 바닷바람을 쐬면서 여유를 즐기던 곳이다. 지금은 각자의 매력을 가지고 있는 다양한 카페들이 가득한 거리로 유명하다. 현지인들이 좋아하는 카페를 찾고 싶다고 물어보니 나이 지긋한 분들이 삼삼오오 모여 있는 곳으로 가라고 추천한다.

강문해변은 떠오르는 핫플레이스다. 이곳에 2014년에 고향인 강릉으로 돌아와 인생 2막을 펼친 이경화 대표의 '유리알유희' 공방이 있다. 원래는 게스트하우스였는데 리모델링을 거쳐 달걀 노른자를 연상하게 하는 예쁜 노란색 건물로 새로 태어났다.

공방은 바다 냄새로 가득했다. 주인장이 직접 사진을 찍어 제작한 다양한 바다 풍경 엽서, 예쁜 액자, 일출과 일몰 풍경 엽서, 폐 그물과 유리 공예를 접목시킨 업사이클upcycle 공예품, 모빌과 선캐처sun catcher, 귀걸이와 목걸이 등이 전시되어 있다. 강문해변을 찾아온 사람들이면 누구나 계절과 날씨에 상관없이 바다를 간접적으로 즐길 수 있고 공예 체험을 해 볼 수 있는 공간이다.

강문해변에서 '유리알유희' 공방을 운영하고 있는 이경화 대표(가운데), 왼쪽에서 두번째가 필자.

바다가 너른 품으로 안았다가 돌려보낸 '바다 보석'

모래사장에 누군가가 무심코 버린 병이 깨져 날카로운 유리 조각으로 흩어진다. 어떤 이는 발을 베여 여행 내내 고생하기도 한다. 바다는 온몸으로 유리 조각들을 받아들여 30년에서 40년에 걸쳐 바람, 모래, 파도로 조금씩 다듬어 바다 보석sea glass으로 만들어 큰 파도에 실어 다시 해변으로 보낸다.

이경화 대표는 한때 골프장 마케팅 관련 일을 했다. 해외 출장도 자주 다녔는데 어느 해인가는 6개월 넘게 유럽 여러 나라의 골프 코스를 돌아본 적도 있었다. 출장이 끝나갈 무렵 심신이 지친 상태로 프랑스 남부 니스 해변에 몇 시간 머물면서 쉬고 있었을 때 반짝이는 것이 눈에 들어왔다고 한다. 뭔가에 이끌리듯 계속 주워 모았는데 그것이 인생 전환기의 작은 디딤돌이 되었다.

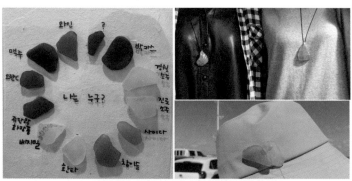

다양한 종류의 바다 보석 원석들과 바다 보석으로 만든 목걸이, 브로치.

바다 보석은 이 대표에게 두 가지 의미를 주었다. 나이 드는 것이 꼭 나쁘지만은 않다고 생각하게 된 것과 환경에 대해 관심을 가지게 된 것이다.

"사회 초년생 때는 남을 다치게 하지 않으면 내가 다치기라도 할 것처럼 예민하고 날카롭게 굴지요. 하지만 30~40년이 지나 나이가 지긋해지면 둥글둥글해져요. 마치 저 바다 보석들처럼요."

요즈음 그녀는 '바다 보석'을 소재로 동화책을 구상하고 있다고 했다. 사람이 버린 날카로운 유리 조각이 바다로 흘러가 파도에 마모되고 부드러워져 아름다운 바다 보석이 되는 이야기가 동화로 어떻게 쓰여질지 벌써부터 기대된다.

누군가가 6년 동안 매일 강릉의 바다 사진을 찍었는데 신기하게도 바다의 모습이 매일 달랐다고 한다. 며칠 강릉에 머물면서 본 바다도 그랬다. 바우길을 걸으며 봤을 때는 파도가 잔잔했는데, 지금은 높은 파도가 하얀 물보라를 날리며 사납게 출렁거리고 있었다. 이런 날 해변에서 '바다 보석'을 찾을 가능성이 높다고 했다.

비치코밍beachcombing이란 해변beach을 빗질combing하듯이 쓸어 조개껍데기, 유리 조각 따위의 표류물이나 쓰레기를 주워 모으는 것을 뜻한다. 해양 쓰레기 문제를 해결하는 데 작은 도움이 될 수 있고, 재

비치코밍은 바다를 빗질하듯이 쓸어 해양 쓰레기를 모으는 일을 말한다.

활용해 예술 작품이나 액세서리를 만들 수도 있다. 다섯 명의 초심자가 비치코밍을 하러 해변으로 나갔다.

해변에는 파도에 밀려온 조개껍질, 나무 조각, 페트병, 폐 그물이 즐비했다. 자세히 들여다보면 간간이 하늘색, 파란색, 갈색의 다양한 크기와 모양의 조각들이 보였다. 한 시간도 안 되어 양 손 가득 바다 보석을 주웠다.

공방 주인장이 마음에 드는 바다 보석을 고르게 해서 철사로 테두리와 문양을 만들고 줄을 연결하여 목걸이와 브로치를 만들어 주었다. 집에 돌아가서도 가끔씩 꺼내보면 파도와 바람, 바다가 보내는 메시지를 들을 수 있을 것 같다.

양 손 가득 수집한 바다 보석들.

강릉으로 여행오는 사람들은 세 부류가 있다고 한다. 연인이 첫 번째요. 가족, 친구, 단체 여행객이 두 번째다. 이들은 누군가의 관심과 손길이 없어도 된다. 세 번째의 경우는 좀 다르다. 앉아서 멍하니 하염없이 바다만 바라보고 있는 사람들이 있다. 파도를 보면서 위안을 얻고 싶어 강릉의 해변을 찾아온 것이다. 이경화 대표는 말한다.

"위로가 필요한 사람들이 우리 공방에서 강릉의 바다를 느끼고 시간을 보내다가 가기를 바랍니다."

50대 후반의 나. 젊은 시절을 돌아보면 고민도 많았고, 안절부절 못했던 적도 있고, 일을 몰라서 헤맨 적도 많다. 내가 생각하기에 나이가 들면서 좋은 점은 시간의 여유가 많아지고 마음이 넓어지는 것이다. 이제부터는 좀 더 주변을 둘러보고 관심이 필요한 사람에게 작은 위로를 주면서 살아가야겠다.

나의 강릉 살이를 상상하다

언젠가 실현될지도 모르는 나의 '강릉 살이'를 상상해본다. 경포가시연꽃마을에 소박한 보금자리를 찾는다. 시루봉에서 경포호로 내려오는 줄기에 있는 마을이다. 별을 헬 수 있고, 달이 떠오르는 것도 볼 수 있고, 불멍도 가능한 작은 마당이 있는 집이다. 강릉의 사계절을 느껴 보고 싶어 집은 1년 임대 계약한다.

아침에 일어나면 간식과 차를 배낭에 넣고 경포대로 향한다. 초당에서 슴슴한 순두부로 빈속을 달래는 것도 좋겠다. 경포대에서 호수를 내려다보니 물안개가 자욱하다. 경포호수를 천천히 산책하다가 경포가시연습지로 우회해도 좋겠다. 어느 맑은 날 오후엔 경포해변에서 바다를 실컷 보다가 비치코밍을 해야지. 곰솔 숲을 따라 남항진 해변까지 바우길을 걸어 봐도 좋겠다. 허균·허난설헌기념관 근처 솔숲에 요가 매트를 깔고 앉아 명상에 잠겨도 좋겠다. 수요일 오후에는 선교장 처마밑 마루에 걸터앉아 집 뒤편에 장하게 둘러서 있는 소나무를 바라보며 파이프오르간 연주를 들을 수도 있다. 컨디션이 좋으면 떡 시루를 엎어 놓은 것처럼 생긴 마을 뒷산 봉우리에 올라 본다. 텃밭에 푸성귀도 조금 길러 보고, 겨울에는 동네 어른들과 철새 먹이 주기를 한다. 마을에서 농악도 배워 볼 수 있다던데. 상상의 나래는 끝이 없이 펼쳐진다. 고전평론가 고미숙씨는 백수로서 하루를 고귀하게 사는 방법을 이렇게 조언한다.

"아침에 일어나서 도시락을 준비하세요. 대중교통을 이용해서 집에서 가장 가까운 공공도서관으로 가세요. 책을 읽고, 도서관의 인문학 강의를 듣고, 나이, 직업, 성별에 상관없이 다양한 사람들과 만나세요."

강릉에서 살아보며 근처 도서관을 낮의 둥지로 삼을 수도 있겠다. 어디에서 살든 내 삶의 나침반은 불교 경전 《숫타니파타》의 한 구절에 있다.

"홀로 행하면서 게으르지 않는 사람, 비난과 칭찬에도 흔들리지 않고, 소리에 놀라지 않는 사자처럼, 그물에 걸리지 않는 바람처럼, 진흙에 더럽히지 않는 연꽃처럼."

그렇게 내 인생 2막을 살아가겠다.

문미숙

주얼리 마케터로 활동하다 보석 감정사가 되었다. 업무상 해마다 일본과 홍콩 등 해외 보석 전시회에 다녔다. 전시회마다 진열된 보석을 보며 컬러의 매력에 빠져 색을 공부하다 컬러리스트가 되었다. 현재 한국시니어블로거협회, 장애인복지관에서 이미지 컨설턴트로 봉사활동도 하고 있다.

나를 설레게 한 숲과 바다

지금 소중한 것을 찾아서

내 일에는 정년이 따로 없다. 주얼리 마케터나 보석 감정사는 나이와 무관하게 활동할 수 있다. 일흔이 넘어도 현업에서 활동하는 분들도 제법 많다. 사전 예약제로 활동하니 시간도 자유롭다. 1년에 몇 번씩 해외 출장의 기회도 있다. 첫 해외 출장에선 일만 해야 하는 줄 알았다. 필요한 보석을 찾아보고 선택해서 구매하는 것이 전부였다. 차츰 경력이 쌓이고 요령이 생기게 되니 하루 이틀쯤은 출장지 주변 도시 여행을 할 수 있었다. 여행지마다 그 지역의 전통 소품도 사고 맛집도 찾아다녔다. 홍콩 출장 때마다 받는 발 마사지는 전시회를 돌아다니느라 하루에 2만 보 이상 혹사한 발의 피로를 풀어주는데 최고였다. 지금은 코로나19로 인해 모든 해외 출장이 금지된 상태라 아쉽다.

그동안 건강엔 큰 문제가 없다고 자부하며 살았는데, 얼마 전 건강 검진에서 문제가 발견됐다. 폐 결절이 두 배로 커졌으니 검사를 받아 보란다. 어떻게 하지? 머릿속이 하얘지고 가슴이 떨렸다. 복잡한 생각들이 버거워 대학병원 검진 예약을 미뤘다.

한 달, 두 달, 석 달이 지나고 마음의 불안이 잊힐 즈음 CT검사를 받았다. 수술하기는 좀 이르니 더 지켜보자고 했다. 앞으로 건강관리를 어떻게 하느냐에 따라 수술을 할 수도 있다니 난감했다. 담배는 평생 가까이 한 적도 없는데, 빠르게 걸으면 숨이 가쁜 것도 이 때문일까? 꼬리에 꼬리를 무는 생각이 멈춰지지 않았다. 이 불안을 떨칠 휴식이 필요했다.

먼저 신경 쓰지 않고 맘 편히 쉴 곳을 찾아야 했다. 작년 가을에 갔던 제주도가 떠올랐다. 올레길을 완주한다고 올레 여권까지 마련했는데 7코스를 걷고 나니 생각이 바뀌었다. 바닷가 거친 돌길을 걷기가 너무 힘들었다. 신발을 잘못 선택하는 바람에 발바닥이 너무 아팠고 걷고 나니 발가락이 온통 물집투성이였다. 어쩔 수 없이 남은 일정은 편한 오름길로만 걸었다.

제주 오름길로 코스를 바꾸어 다시 걷기 시작할 즈음 강릉 한 달 살이 소식을 접하게 됐다. 2년 전 여행 스타트업인 패스파인더 프로그램으로 다녀온 '대관령 숲 체험 달빛 산책'이 떠올랐다. 불빛 하나 없는 깜깜한 어둠 속에서 바람 소리가 귓가의 피부에 닿는 느낌이 그리웠다. 생각만 해도 마음의 위로가 되는 것 같았다. 잊고 지냈던 강릉

대관령 옛길에서 바라본 강릉시와 동해 바다.

의 옛 추억들도 떠올랐다. 영동고속도로 옛길은 구불구불 산길이었다. 천천히 오르며 풍광을 바라보고 느끼는 정취가 있었고, 조심 조심 운전을 해야 하는 긴장감도 있었다. 원주에서 진부를 지나 대관령으로 향하는 고속도로에 함박눈이 펑펑 내리면 대관령휴게소에 잠시 머무르곤 했다. 강릉시로 향하는 아흔아홉 굽잇길에 내려서면 함박눈은 오간 데 없고 멀리 푸른 바다가 눈부시게 빛나고 있었다. 요즘은 편리하고 빠른 길만 찾다 보니 그 낭만의 기억들을 잊고 있었다. 건강을 회복하고 낭만을 찾으러 강릉에 가고 싶어졌다. 여행은 가기 전에 느끼는 설렘이 있는데, 이번엔 설렘을 즐길 겨를도 없이 집을 나서야 했다. 이 여행에서는 지금 소중한 것을 찾을 수 있을까?

바우길의 매력은 치유다

길은 저마다 다른 느낌을 갖고 있다. 제주 올레길은 섬이 주는 이국적인 매력과 자유로움이 있다. 지리산 둘레길은 엄마의 품처럼 넉넉하고 포근하다. 숲과 호수, 바다로 이어지는 강릉 바우길은 어떤 느낌일까? 새로운 기대와 함께 길을 나섰다.

강릉 바우길은 바다에서 바다를 따라 걷는 길, 산맥에서 바다로 나아가는 길, 바다와 숲을 번갈아 걷는 길, 산맥 정상 등줄기만 밟고 걷는 길이 있다. 선자령 풍차길에서 시작되는 1구간부터 21구간까지로 나누어져 있으며 전체 길이는 400킬로미터에 달한다. 난이도는 상중하로 구분되며 산길, 바닷길, 호수길로 이어지는 자연 친화적인 길이다. 나도 이번에 처음 알게 됐지만, 이 좋은 길을 아는 사람이 드물다니 신선한 충격이었다.

우리는 바우길 5구간인 '바다 호수길'을 걷기로 했다. 시작점과 종착점이 같다. 남쪽에서 출발해서 북쪽 방향으로, 오른쪽에 바다를 두고 걸었다. 아직 10월인데 갑자기 날씨가 추워져 겨울처럼 코끝이 시렸다. 청명하다는 말로는 부족할 만큼 하늘이 맑고 깨끗했다. 민물과 바닷물이 만나는 곳, 남대천 솔바람다리에 섰다. 이곳에서 사단법인 강릉바우길의 이기호 사무국장을 만났다. 다리 끝에서 유유히 걸어오는 모습이 강원도 바위처럼 단단해보였다. 이 사무국장의 털털하고 유쾌한 목소리와 함께 바우길 곳곳을 조금 더 깊이 즐길 수 있었다.

솔바람다리에서 바람처럼 날다.

한쪽으로는 산, 다른 쪽으로는 바다가 보였다. 산등성이마다 또렷이 보이는 하얀색 풍력 발전기가 인상적이었다. 바다는 눈부시게 푸르렀고 하얀 구름은 마치 세제를 풀어서 만든 거품처럼 몽글몽글했다. 한 폭의 그림 같아서 사각 틀에 담아 집안 거실에 걸어두고 싶은 마음이 들 정도였다. 이곳을 약속 장소로 잡은 이유를 알 것 같았다.

자판기 한 대로 시작된 안목 커피 거리

남대천 솔바람다리를 건너 강릉항이 있는 안목해변 커피 거리에 도착했다. '맘마미아!' 그리스에 온 듯한 착각을 하게 했다. 백색의 산토리니 커피 전문점은 하늘과 바다로 이어지는 안목해변의 상징물처럼

안목 커피 거리의 조형물. 커피잔에 바다를 담다(왼쪽). 안목 해변을 따라 커피 전문점들이
들어서면서 커피거리가 형성됐다(오른쪽).

눈부셨다. 낡은 커피 자판기 한 대에서 안목 커피가 시작되었다고 한
다. 20여 년 전 횟집 몇 개와 조그마한 가게뿐이던 안목해변의 주요 포
인트에 커피 자판기가 하나 둘 생기기 시작했고 그것이 소문이 나면
서 사람들이 찾아왔다. 커피를 좋아하는 사람들이 자연스럽게 모여
들면서 오늘날과 같은 커피 거리가 형성됐다.

　강릉 토박이들이 즐겨 마신다는 카페에서 추천한 커피를 샀다. 향
이 진하고 쌉싸래한 맛이 입안을 맴돌았다. 커피를 좋아하는 내게도
조금 진하게 느껴지는 맛이었다.

　갑자기 하늘에 구름 길을 만들며 요란한 소리로 비행기가 나타났
다. 옆 사람 소리가 들리지 않을 정도다. "길손들을 위한 에어쇼 중이
니 이해해달라."는 이기호 사무국장의 말에 일행들은 걷던 길을 멈추
고 한참을 웃었다.

신사임당이 율곡의 손목을 잡고 걷던 길

백두대간 능선 곳곳에 설치된 풍력 발전기 사이로 신사임당이 어린 율곡의 손을 잡고 걸었다던 대관령 옛길과 선자령이 모습을 드러냈다. 새로운 고속도로가 생기기 전, 여행 왔다 집으로 돌아가는 길은 늘 도로 초입부터 막혀 짜증을 내곤 했던 기억이 났다. 힘들게 넘나들던 아흔아홉 굽이 옛길의 옛 대관령휴게소의 최근 모습이 궁금했는데, 바우길 1코스 구간의 시작점이란다.

오늘처럼 바닷가에서 산이 또렷이 보이는 경우가 흔치 않은 일이라는데 운이 좋다. 백두대간의 긴 산맥이 강원도를 영서와 영동 지방으로 나누고 있다. 교통의 어려움이 해결되기 전까지는 외지인의 방문도 드문 첩첩산중이었다. 강원도 사람들이 조금 퉁명스러워 보이는 이유도 바로 이런 환경적인 영향으로 인해 생긴 낯가림 때문이니 이해해달라고 한다.

강릉에서는 방향을 찾기 쉽다. 바다를 바라보고 서면 정면이 동쪽, 뒷편이 서쪽, 오른팔이 남쪽, 왼팔이 북쪽 방향이다. 방향 구분이 확실한 도시라 사람들도 확실한가 보다. 쌀쌀한 날씨지만 햇살이 퍼지니 눈부시다. 햇빛을 피하는데는 솔숲이 안성맞춤이다.

해풍으로 웃자라지 못한 곰솔들의 모습이 마치 사열을 기다리는 군인들 같았다. 그 사이를 씩씩하게 걸었다. 솔숲이 도보 여행자들에게 격려를 보내는 것 같았다. 이 길은 해파랑길하고도 겹친다고 한다.

내 버킷리스트에 '해파랑길 완주하기'가 있지만 아직 고민 중이다. 혼자 걷기는 무섭고, 누군가와 같이 걷자니 부담스러워 생각이 길어진다. 걷고 싶어 하는 사람들이 많다. 은퇴 후 시간 정리가 필요한 사람도 있고 건강을 찾으려고 걷는 사람들도 있다. 여러 가지 이유로 걷고 싶어 하는 사람들이 많지만 혼자 걷기에 외진 곳이라 숙박 문제에 대한 고민이 필요하다. 구간마다 숙박과 편의시설이 제대로 갖춰진다면 강릉 바우길과 더불어 동해안 바닷길인 해파랑길은 세계적으로도 이름난 길이 될 수 있는 잠재력이 충분하다고 한다.

바다와 숲에서 발견한 것들

강문해변에 도착했다. '강의 문'이기도 하고 '강릉의 관문'이기도 한 곳이다. 바닷가 모래사장에 세워진 조형물을 배경으로 사진을 찍기 위해 젊은 커플들이 순서를 기다리고 있었다. 나도 슬며시 줄 뒤에 서 보았다. 나이가 들면서 사진 찍히는 게 싫어서 사진을 찍을 때면 일부러 뒷줄에 서거나 중간에 서서 존재감을 낮추는데 이곳에서는 그런 마음도 잊게 된다.

잠시 바닷가에 앉아 바다를 바라보았다. 등줄기에 맺혔던 땀이 식으면서 시원함이 느껴졌다. 모래사장 조개무덤에서 꽃잎 모양이 새겨진 예쁜 조개껍질을 발견했다. 마치 누군가가 인공으로 새겨 놓은

사람이 손으로 새긴 것 같은 무늬를 갖고 있는 방패 연잎 성게의 껍질.

것 같은 무늬를 갖고 있었다. 신기해서 인터넷으로 검색해보니 '방패 연잎 성게'라고 한다. 오늘의 수확물을 주머니에 잘 챙겨 넣었다. 솟 대다리를 건너 경포호 숲길로 들어서니 잔잔했던 파도 소리도 이제 더이상 들리지 않는다.

이름 모를 새소리가 정겹다. 호숫가 주변으로 나지막하게 자란 벚 나무도 빨갛게 단풍으로 물들었다. 잘 다져진 흙길을 밟으며 허균·허 난설헌기념공원 옆 달빛 산책로로 향했다. 바우길 11, 16코스와 해파 랑길로 이어지는 길이다.

이곳 소나무는 바다의 소나무와 다르게 곧고 높게 자랐고 번호표까 지 달고 있다. 아마도 관리를 위해 부여한 번호인 모양이다. 요즘 대 세인 넷플릭스 드라마 〈오징어 게임〉에서 본 익숙한 번호 456번을 찾 아냈다. 번호를 카메라에 담아 딸에게 전송했더니 신기하다며 와보

숲 치유 프로그램으로 지친 마음을 치유하다.

고 싶다고 했다. 호기심이 발동해 누군가 이를 찾아내 공감하기를 바라며 SNS에도 올렸다.

한 편의 영화를 보는 것처럼 길안내를 하겠다던 이기호 사무국장은 걷기라는 '영화'의 마무리로 솔숲 힐링 체험을 제안했다. 늘씬한 소나무 군락 아래에 자리를 깔고 누워 명상에 잠기니 세상의 시름이 부질없다. 지금을 소중히 여기는 마음이 올라왔다. 이렇게 소박하게 마음 치유가 되는가 보다.

체험 도구로 만난 탱자는 어릴 때 가지고 놀던 것인데 오랜만에 보니 반가웠다. 쌉쓸한 향이 코끝에 닿았다. 골프공 크기의 탱자로 따가운 햇빛을 가려보지만 해가림으로 어림도 없다. 소나무 군락에 걸쳐 놓은 나락들이 잘 마를 것 같은, 눈부시게 쨍한 가을날이었다.

바우길에서 히말라야까지

"바우길에 초보자를 위한 길 학교를 만들면 어떨까요?"

두서 없이 던진 내 제안에 이기호 사무국장은 원래 바우길의 목표가 "바우길에서 히말라야까지 길안내를 제공한다."는 것이라며 반색했다. 초보 길 학교를 만들어 바우길 과정을 이수한 이들에게 본인이 원하는 외국의 길을 갈 수 있도록 연구해 보겠다고 약속했다.

강릉 바우길은 초보 길손들을 위해 쉬운 길, 안전한 길, 행복하고 건강한 길을 제공한다. 매주 토요일 오전 10시에 바우길 전 구간을 차례로 걷는 주말 걷기 프로그램이 있다. 여기에 참여하면 쉽게 바우길

사단법인 강릉바우길의 이기호 사무국장(가운데)이 초보 길손들을 위해 바우길 안내를 하고 있다.

사람들과 친해질 수 있고 정보도 얻을 수 있다. 정기 걷기에 참여하는 사람들의 80퍼센트 정도가 지역 주민이다 보니 걸으면서 친구가 되고 이웃이 된다. 비가 오나, 눈이 오나, 바람이 불어도 걷는다. 요즘은 코로나 여파로 40명 정도 모이지만 한때는 120명 씩 참여했다고 한다. 혼자 걷고 싶을 땐 한 발자국 뒤로 물러나 걸어도 좋다.

걷다 보면 자연에 순응하게 된다. 발바닥에 물집이 잡힐만큼 힘든 길도 있었지만 지나온 길에 미련을 두지 않으려고 한다. 힘들면 쉬었다가 다시 걸으면 된다. 멈추지 않는다면 언젠가는 나의 길을 완주할 수 있을 것이다. 길에서 길을 물어본다.

사천항에서 만난 '뽀빠이'와 '올리브'

사천항은 경포와 주문진의 중간쯤에 위치한 작은 포구다. 방파제 끝에 놓인 빨간 등대가 인상적이었다. 이 작은 항구에서 "바다에서는 숨 쉬는 것만으로도 힐링이 된다."는 만복호 김세중 선장과 아내 서무선 씨를 만났다. 부부의 모습에서 예전에 즐겨봤던 만화영화의 주인공 '뽀빠이'와 '올리브'가 떠올랐다.

"도시에서 하루 하루 바쁘게 살다 보니 어느새 쉰 살을 훌쩍 넘겼죠. 그러던 어느 날 건강에 적신호가 들어왔어요."

김 선장은 로버트 프로스트의 〈가지 않는 길〉이라는 시를 떠올리며 어릴 적 꿈꾸었던 삶을 찾아 고향 강릉으로 왔다고 한다. 푸른 바다가 저녁노을에 붉게 물들 때까지 그의 강릉 귀촌 이야기는 끝날 줄 몰랐다. 귀촌에 실패하는 이유 중 하나는 울타리를 치고 나만의 공간을 만드는 거란다. 귀촌하면 마을의 여러 모임과 행사에 참여하면서 어울려야 하는데 사람들과 부딪히는 것이 두려워 피한다면 지옥이 될 수밖에 없다. 울타리는 타인의 간섭으로부터 사생활을 보호하고 휴식의 공간이 될 수 있지만 대인 관계에 어려움을 가져다 줄 수도 있다. 귀촌을 한다면 첫 번째로 풀어야 할 숙제다.

색소폰을 좋아하는 그는 산촌 마을 숲속 음악회를 열었고 이어 바

만복호에 올라탄 김세중 선장과 아내 서무선 씨. 두 사람 앞 테이블에 앵무새 만선이가 앉아 있다.

다에 배를 띄우고 배 위에 무대를 만들어 선상 음악회를 열었다. 매년 사천항에서 열리는 동해안 특산물 양미리, 도루묵 축제에도 음악회를 함께 열었다고 한다. 코로나로 중단되지 않았다면 축제에 참여해 고기도 잡아보고 선상 축제에서 가을의 정취에 흠뻑 취해볼 기회를 만났을 텐데 무척이나 아쉬웠다.

　사는 곳을 바꾸는 일은 매우 어려운 일이다. 김 선장 부부를 보니 지역 사람들을 존중하고 협동하려는 마음이 우선되었음이 느껴졌다. 바다에 새로운 터전을 잡을 수 있었던 힘은 경험보다도 어울림이 아니었을까?

바다에서 행복을 낚다

새벽에 조업을 나가 고기를 잡다 보면 일출을 만나게 된다. 매일 다른 모습을 보여주는 황홀한 일출의 모습에 빠져 고기잡이를 멈출 정도란다. 그말에 100퍼센트 공감했다. 언젠가 제주항으로 향하는 배 안에서 일출을 본 적이 있다. 그 광경이 너무 감동적이어서 한동안 웬만한 일출은 눈에 들어오지 않았다.

고령화되어가는 바닷가 마을이지만 드라마 〈갯마을 차차차〉에서처럼 돈도 낚고 행복도 낚는 젊은 어부가 되어도 나쁘지 않을 것 같다. 어민이 될 수 있는 방법을 안내해주는 귀어학교가 있다고 하니 관심이 있다면 참고해도 좋을 것 같다.

아내 서무선 씨는 남편이 귀촌한 지 5년 후 강릉에 왔다. 20년간 일하느라 정신없이 살았는데 어느 날 문득, 집안의 남자 셋이 모두 사라지고 자신만 혼자 남았다고 했다. 처음엔 너무 좋았는데 조금 지나니 혼자 있는 게 외롭고 쓸쓸했다.

'나 혼자서 이게 뭐 하는 짓인가!'

그 말에 공감이 되어 마음이 울컥했다. 나이 들면서 사람 사귀기가 점점 어려워진다. 특히 다른 지역에서 이주해오면 더욱 어려울 것 같다. 공통의 화제를 찾는 연습을 미리 해야 할까? 이것이 나에겐 주

어민의 길을 알려준다, '강원귀어학교'

귀어·귀촌을 희망하는 도시민들의 어촌 정착을 위해 귀어·귀촌 전문프로그램을 운영하고 있다. 강릉원주대학교가 강원도로부터 위탁을 받아 '어선어업, 해양레저, 양식 기술, 식품 가공 분야의 귀어 전문 교육 프로그램'을 운영하고 있다. 정부와 강원도의 보조금을 받아 강릉원주대학교 해양과학교육원에 교육시설 갖추고 있다.

■ 교육 대상
만 18세 이상 만 65세 미만인 자, 귀어인(5년 이내).

■ 교육 방법
4~6주간의 기숙사 입교 전문 기술 교육 실시, 매년 2~4회 실시, 강원귀어학교 홈페이지(www.gfei.kr) 교육생 모집 공고 및 신청.

■ 강원귀어귀촌지원센터의 귀어 교육 : 인터넷 온라인 교육 또는 3박 4일간의 단기 기초 교육으로 매년 2~4회 실시한다. 강원귀어귀촌지원센터 홈페이지(www.gwsealife.or.kr)에서 신청할 수 있다.

어진 또 다른 숙제일 것 같다. 남에게 쉽게 마음을 주지 못하는 것이 큰 문제다.

나이 든 사람들은 고기를 잡아 바로 경매에 넘겨 버리니 큰 소득이 없다. 하지만 젊은 선장들은 잡은 고기들을 직접 손질해서 인터넷으로 판매해 경매에 넘기는 것보다 높은 수익을 올린다고 한다.

김 선장의 아내도 언젠가부터 남편이 잡아 온 고기를 손질해서 판

김 선장은 의지만 있다면 할 것도 많고 배울 것도 많다고 말했다. 다시 이곳을 방문하면 배낚시와 일출 체험도 해보고 싶었다. 사진 맨 오른쪽이 필자.

매하기 시작했다.

"장어 손질법을 배워서 직접 해보니 꽤 넉넉한 용돈 벌이가 됐죠. 맘
먹고 찾아보면 할 일은 얼마든지 있어요."

복어를 손질하려면 복어 조리 전문가 자격이 필요해 주문진 문화센
터에서 자격증 공부를 하고 있다. 의지만 있다면 할 것도 많고 배울
것도 많다. 생선 손질이 아니어도 된다. 인터넷을 활용해 젊은 아내들
이 지역 어른들과 협업해서 판매나 거래를 해준다면 서로 좋은 일이
될 수 있지 않을까 싶다. 서해에서 배낚시를 해본 적이 있다. 그런 짧
은 경력으로도 낚시 체험이 가능할까? 다시 방문한다면 일출 체험도
하고, 낚시 체험도 해보리라 마음 먹었다.

사천항에 자리 잡은 만복호의 모습.

지역살이 '탐색 통장'을 만들다

강릉을 여행하면서 나만의 강릉 탐색 통장을 만들었다. 좋은 경험
은 수입란에 덜 좋은 경험은 지출란에 기록했다. 수입란에는 국립대
관령치유의숲, 솔숲 걷기(나에게 휴식을 줌), 달빛 산책(어둠을 벗 삼아 바
람을 느낌), 바다, 호수 길 걷기(발 마사지가 필요 없는 마음 치유의 시간),
선교장 오르간 연주(박자에 맞춰 발을 구르며 박수를 아끼지 않은 환호), 쌍
무지개(신비로움에 감탄), 음식점(맛과 비주얼이 뛰어남) 등을 기록했다.
지출란에는 변덕스러운 날씨(춥고 비에 젖어 지침), 비행기 소음(경치가 눈에 안들어옴), 손님 응대(투박한 말투나 성의 없는 태도) 등을 기록했다. 4박 5일의 탐색 통장에는 좋은 경험이 훨씬 많았다.

정신없이 이곳저곳을 점 찍듯 다녔지만 그 속에서도 내가 느끼고, 내가 받아들이는 감정이 가장 중요하다는 것을 새삼 깨달았다. 일상으로 돌아가면 또 바쁘게 몰아치는 일들이 나를 기다리고 있을 것이다. 바쁜 일상에서 힘들 때마다 강릉 탐색 통장에서 좋은 기억들을 하나씩 꺼내어보고 싶다.

고영숙

젊은 시절엔 유치원 교사, 퇴직 후엔 가족 위주의 삶으로 가사일 외에 성당 활동이 전부였다. 우연히 만난 서울시50플러스센터를 통해 인생 이모작으로 향하는 작은 길을 발견했다. 몇 년 전 '남원 살아보기' 프로그램 참여는 나를 변화시켰다. 치매 예방 프로그램 '기억 친구' 리더로도 활동하며, 유엔이 정한 나이 기준으로 내가 아직 청년이라는 것에 힘을 얻는다.

강릉 숲에서 '청춘'을 다시 시작하다

도심 '작은 목공실'에서 피어난 지역살이의 꿈

남편의 퇴직, 아들의 결혼으로 나도 두 남자로부터 당당한 은퇴자가 되었다. 남편 퇴직 후 투쟁 끝에 얻어낸 가사일 분담. 그동안 '내조의 여왕'이라는 칭찬에 더 잘하려고 온 힘을 쏟으며 지고 있던 짐을 내려놓기로 했다. 이제 우리 부부는 서로 누구를 위해서가 아니라 내조와 외조를 함께 하는 동반자가 되기로 했다.

직장생활을 할 때는 집에서 살림하는 사람들이 부러웠다. 하지만 가사일에서 은퇴를 선언하고 나니 또 다른 일이 그리워졌다. 이때 만난 서울시50플러스 서부캠퍼스 모더레이터(지금은 학습지원단으로 바뀌었다.) 시험은 신중년으로 인생 2막을 새롭게 출발하게 해준 소중한 선물이었다.

서울시도심권50플러스센터에서 강의를 모니터링하고 후기를 쓴다. 좋은 강의를 들을 수 있어서 참 좋다. 강의실 분위기를 글로 표현하는 것은 늘 어렵지만 이렇게 보람 있는 일이 어디 있을까하는 생각에 더욱더 강의에 집중하게 된다.

이곳에서 '작은 목공실' 프로그램을 만났다. 나무 장난감을 만들고 뚝딱뚝딱 작품을 만드는 모습을 스케치하고 후기도 쓰면서 나무와 목공 기계에도 관심을 갖게 됐다. 소나무와 편백나무 향을 구분할 수 있게 됐고 옹이가 있는 나무 작품이 더 아름답다는 것도 알게 됐다. 상처까지도 품을 줄 아는 나무의 생이 담겼기 때문이리라.

나무로부터 삶을 배우고 있었다. 내 안으로 조금씩 들어오는 나무와 숲, 그리고 자연을 통해 바쁜 도심의 일상을 떠나볼까하는 마음을 갖게 했다. 몇 해 전 《남원에서 살아보기》 책 출판에 함께하게 된 것은 축복이었다. 남원에서 실상사 도법스님이 해주신 "젊음도 빛나고 나이듦도 빛나라."는 말씀은 지금도 나에게 용기를 주고 있다.

요즘 우리 부부는 치매 예방 교육인 '기억친구' 의 리더로 활동하고 있다. '기억친구'란 치매에 대한 올바른 지식을 가지고 치매 환자와 가족을 따뜻한 마음으로 도와주는 사람이다.

등산을 힘들어했던 내가 '작은 목공실'에서 나무와 가까워지면서 가끔씩 산을 찾아 떠나게 됐다. 이번에는 산과 바다가 있는 강릉이다. KTX 덕분에 강릉이 예전보다 훨씬 가까워졌다.

숲과 사람을 이어주는 '포!레스트For! Rest'

　강릉 솔바람다리 위에서 본 하늘과 바다는 경계가 없는 듯 하나처럼 보였다. 맑고 푸르다. 날마다 변하는 날씨가 인생과 닮았다는 생각이 들었다. 흐린 뒤 쾌청해진 강릉의 풍광이 그랬다. 강릉에서도 특히 '바다 호숫길'이 아름답기로 유명한 바우길 5구간의 출발점인 솔바람다리에서, 숲을 좋아하고 숲에서 일하며 자연을 닮은 '포!레스트' 김영기 대표를 만났다.

　'포!레스트'는 강릉의 생태환경교육센터로 숲과 사람이 더불어 행복한 세상을 꿈꾸며, 숲과 사람을 이어주는 징검다리 역할을 하고 있다. 숲을 의미하는 forest를 for!와 rest로 풀어서 '휴식을 위한 숲'이라는 멋진 이름을 만들었다.

　김 대표의 숲 해설가 닉네임은 '곰솔'이다. 숲 학교에 오는 아이들은 앞 글자인 '솔'은 쏙 빼고 그냥 '곰' 샘이라고 부른다. 우리에게는 '솔'까지 꼭 붙여달라며 쑥스러워한다. 오늘은 숲 해설가 '곰솔'샘이 되어 바우길 5구간을 함께 걸으며 해설을 한다. 그는 강릉이라고 하면 바다를 먼저 떠올리는 이들에게 숲을 더 알리고 싶어 했다.

　가족과 함께 강릉에 온 사람들에게 가장 먼저 갈 곳으로 어디를 소개하면 좋을지 생각했다고 한다. 유홍준 교수가 《나의 문화유산 답사기》에서 '남도 답사 일번지'로 강진과 해남을 소개한 것처럼 김 대표는 강릉의 첫 출발을 '강릉 숲 문화답사 일번지'로 시작했으면 하는

강릉 여행의 첫 출발을 강릉 숲 탐방으로 시작해보는 것도 흥미로운 일이다.

바람을 갖고 있다. 오르막과 내리막이 많지 않아 걷기 편한 길인데다 걸으면서 강릉의 역사와 인물들을 만날 수 있는 공간이기 때문이다.

1코스는 오죽헌—경포생태저류지—선교장, 2코스는 경포대—경포 가시연습지—허균·허난설헌기념공원으로 구성되어 있으며 이 숲 해설 코스를 '포!레스트'의 체험 프로그램으로 정착시켰다.

집중력이 짧은 아이들에게 강릉의 역사와 인물, 습지 등을 알려줄 수 있는 방법을 고민하다가 게임을 만들었다. '포!레스트'의 숲 해설 가들이 참여해 만든 '강릉 숲, 문화답사 일번지 블루마블 게임'은 제13 회 강릉관광기념품공모전에서 동상을 받기도 했다.

강릉을 알리고자 하는 열정에서 시작해 아이들이 놀이를 통해서 숲을 가까이 할 수 있도록 이끈 값진 일이었다. 아이들이 게임을 통해 각 지점의 미션을 수행하며 자연스럽게 숲에서 역사와 문화를 익힐 수 있도록 했다.

강릉에서 태어나고 자란 신사임당과 허난설헌도 어릴 적 이곳에서 풀과 벌레, 자연을 관찰하고 놀았을 것이다. 아이들은 위인들의 발자취를 밟으며 숲에서 자연의 소중함을 배운다.

김 대표는 강릉에서 나고 자랐지만 직장 때문에 잠깐 외지로 나갔다 돌아온 강릉 사람이다. 바쁜 직장생활로 심신이 지쳐 있을 때 퇴직 후 고민을 하다가 숲 해설가라는 직업을 알게 되었다. 숲 해설가 자격을 따고 산에 다니다보니 식물이 궁금했다. 식물 공부도 겸해, '아빠와 함께 떠나는 야생화 탐험'을 기획해 아파트 단지에 전단지를 붙였더니 세 가족이 따라 나섰다. 이 가족들을 이끌고 선자령에 간 것이 본격적인 숲 해설가 활동의 시작이었다.

강릉 생명의 숲에서 받은 숲 해설가 교육은 삶의 전환을 이루는 계기가 됐다. 생명의 숲은 IMF 외환위기 때 일자리 창출을 위해 숲 가꾸기를 하며 설립된 단체지만, 숲 해설가 교육과 체험 교육이 많아져 숲을 가꾸는 기능보다 교육 기능 위주로 운영되고 있었다.

생명의 숲 본연의 활동을 강화하기 위해 숲 교육을 전문으로 하는 별도의 사회적 기업을 만들어 독립시켰는데 이것이 바로 지금의 '포! 레스트'다.

검은 솔, 곰솔, 해송(海松)

바닷길을 걸으며 숲과 사람의 이야기를 듣다 보니 어느새 안면해변 커피의 거리다. 김 대표는 초창기에 만들어진 엘빈커피L.Bean coffee가 강릉 사람들이 주로 찾는 곳이라고 살짝 알려준다. 동네만의 특별한 비밀을 안 것 같아 괜히 으쓱해졌다.

"테라로사 커피가 진짜 다른 커피보다 맛있냐?"는 우문에 대해서는 "제가 내린 게 제일 맛있다."라는 현답으로 웃음을 준다. 분명 커피를 좋아하는 강릉 사람이다.

커피를 마시며 송정해변을 걷다가 소나무 숲 사이의 바다를 보며 여유롭게 힐링의 시간을 가졌다. 송정해변에는 해송(곰솔)이 알맞게 우거진 숲길이 있다. 해송은 껍질이 검은색이어서 검은 솔, 검은 솔 하다가 '곰솔'이 되었다고 한다. 이곳은 강릉에 사람들이 이주해서 살기 시작한 최초의 동네로 해변의 숲길과 함께 보존 가치가 있는 장소다. 바닷가라서 먹을 것을 구하기 쉬웠기 때문이었을까?

송정해변 숲에 생활형 숙박시설을 짓는다는 소식이 있었지만 시민들의 반대 운동으로 다행히 해송 숲을 보존하게 되었다. 강릉 사람들이 역사 보존에 얼마나 관심이 많고 숲, 특히 소나무를 얼마나 사랑하는지 알 수 있었다. 청솔모가 해송들 사이를 다니면서 솔방울을 까고 있다. 이들이 까먹고 난 솔방울 속은 인위적으로 만들 수 없는 자연의 작품이 되었다. 숲 체험을 온 학생들은 이 솔방울들을 주워 만

'포레스트' 김영기 대표(맨 오른쪽)와 함께 송정해변에서 강릉 바다를 배경으로 커피를 마시며 힐링 시간을 가졌다. 오른쪽에서 두 번째가 필자.

들기 작업에 사용한다. 소나무 숲에는 곰솔만 있는 것은 아니다. 굵은 나무 몸통 중간중간에 솔잎이 나 있는 소나무들은 미국에서 들여온 '리기다소나무'인데 자라는 속도도 빠르고 솔방울도 엄청 많이 달렸다고 한다.

"외국에 와서 살려다보니 자손을 더 많이 퍼뜨리기 위해서 그런 것 아닐까요?"

농담처럼 던진 한마디였지만 살기 위한 소나무의 외로운 몸부림이 느껴져 짠한 마음이 들었다. 해송들 사이의 작은 소나무들은 큰 아이들의 씨가 떨어져 자란 것들이다.

"사실 이 작은 소나무들이 모래 속에서 모래를 잡아주는 역할을 하
거든요."

　자연은 그 존재만으로도 아름답다. 강릉해변에 서있는 해송들은 자
신의 몸이 바닷바람에 휘어지도록 거센 바람을 막아주는 방풍림 역
할을 하고 있다. 바닷가의 몸통이 휜 해송들이 아름다운 이유도 그
때문일 것이다.

　'포!레스트'에서는 탄소중립을 위한 다양한 교육도 실시하고 있다.
'숲으로 탄소 zero 청소년 기후 행동 체험'을 통해서 탄소 줄이기 이론
교육과 함께 내가 만든 '씨앗 공'을 뿌려 숲의 중요성을 알게 하는 '씨
앗 공' 만들기 활동도 진행했다. 어린이책 작가 바하 시너Bahar Sener의

포레스트 김영기 대표(맨 왼쪽)가 숲 해설가 '곰솔'로 변신해 송정해변 솔숲의 역사와 소나
무 이야기를 들려주었다.

《씨앗 공》이라는 그림책을 통해 어린이들에게 "씨앗이 흙으로 돌아가면, 나무가 되고, 새로운 생명이 된다."는 메시지를 전한다.

찾아가는 목공 체험 교실에서는 장소만 준비되면 목공 기구를 가져가 수경 재배 화분 받침대 같은 간단한 목공 소품들을 만들 수 있도록 하고 있다. 이 이야기를 들으니 나의 활동 공간인 서울시도심권50플러스센터의 목공실이 생각났다. 신중년들의 목공 체험 놀이터인 이곳에서는 나무를 좋아하는 사람들이 나무 장난감을 비롯, 간단한 소품을 만들며 플라스틱보다는 자연 친화적인 나무를 생활 속에 가까이 하고 있다. 이것도 탄소중립의 작은 걸음일 것이다.

숲과 사람을 이어주는 튼튼한 징검다리

'포!레스트'는 어른들에게는 숲을 통한 치유, 아이들에게는 숲을 통해 자연을 사랑할 수 있는 마음을 갖게 하는 체험 프로그램을 제공하고 있다. 또 신중년을 위해 숲 관련 일을 할 수 있는 플랫폼 역할도 하고 있다.

신중년 숲 해설가들이 경력형 일자리로 이곳에서 일하고 있다. 주 5일, 하루 4시간씩 숲을 걷는다. 4대 보험도 된다. 쉬게 되면 실업급여를 받을 수 있고 재고용 기회도 있다. 1년 이상의 지역살이를 계획하는 50플러스들에게 희소식이 아닐 수 없다. 숲 해설가 외에도 산림

허균·허난설헌기념공원 솔숲에서 산림 치유 프로그램을 체험했다. 경포호와 동해 바다에서 불어오는 바람과 솔향이 지친 몸을 풀어주었다.

치유 지도사, 유아 숲 지도사 등 다양한 산림 복지 전문가들이 '포!레스트'를 기반으로 활동하고 있다.

소나무 숲 사이로 불어오는 바닷바람을 맞으며 경포호를 끼고 걸었다. 길옆에 핀 갈대와 강아지풀이 가을임을 알려주었다. 어느새 허균·허난설헌기념공원 소나무 숲에 이르렀다. 경포 바다에서 불어오는 바람과 솔향이 지친 몸을 풀어주었다. 산림 치유의 맛을 보며 힐링할 수 있었던 시간이었다. '포!레스트'는 숲과 사람을 이어주는 든든한 징검다리 역할을 해주었다.

강릉 숲에서 만난 MZ세대

강릉에는 산림 자원이 많다. 도심을 조금만 벗어나도 금방 우거진 숲이 나타난다. 임업은 주로 중장년층의 관심 분야이고 그 분야 종사자들도 대부분 그럴 것이라고 생각했다. 하지만 뜻밖에도 강릉에서 만난 임현진 산림일자리발전소 그루매니저는 독특한 직업을 가진 MZ세대였다.

강릉의 옛 중심지 명주동 거리의 작은 카페 '봉봉방앗간'은 실제로 방앗간을 운영하던 곳을 카페로 만든 곳으로 방앗간이라는 이름과 달리 감성 가득한 카페였다. 이곳에서 앳된 얼굴에 웃는 눈이 예쁜 20대 청년, 임현진 그루매니저를 만났다.

"지역 주민들이 산림 비즈니스를 할 수 있도록 돕고 있어요."

우선은 그루매니저가 무엇인지 궁금했다. 그루매니저의 '그루'는 그루터기의 그루, 즉 기반을 의미하며 영어로 발음이 같은 Grew(성장), Guru(전문가)의 뜻도 담고 있다. 산림 자원을 활용해서 일자리를 발굴하는 산림 일자리 개척자로 전국에 지역마다 1명씩 44명의 '그루매니저'가 있다. 그 가운데 청년은 3명뿐이라고 한다. 아무래도 청년의 숫자가 많지 않다보니 시선이 집중되는 경우가 많아 부담도 됐다고 했다.

임현진 그루매니저는 산을 좋아한다. 가끔 산에 올라 꽃이나 숲의 풍광을 사진에 담기도 하고 계곡에서 발견한 도롱뇽알이 신기해 몇 번씩 산에 올라가 관찰하기도 한다고. 강릉이 고향은 아니지만 강릉에서 대학을 졸업하고 강릉이 좋아서 이곳에 남아 그루매니저에 도

임현진 그루매니저(왼쪽 사진)는 전국에서 3명 뿐인 청년 그루매니저 중 한 사람이다. 임 그루매니저와 명주동 카페 봉봉방앗간에서 만났다(오른쪽 사진 왼쪽에서 네 번째).

전했다. 그루매니저가 되고 난 후부터는 숲이나 나무를 보는 시각이 바뀌었다고 한다. "나무가 멋지다."라는 생각보다 이것은 무슨 나무이고, "산촌에서 이런 활동을 하면 어떨까?"라는 아이디어를 먼저 떠올리게 되었다고.

"강릉이 관광 도시로 더 발전하려면 바다도 있지만, 산과 숲이 더 알려져야 한다고 생각해요. 그런 것들을 늘 고민하죠."

20대 청년의 자연에 대한 생각들이 신선하게 느껴지고 한편으로는 대견했다. 그 나이 때 나는 자연에 대해서 얼마나 관심을 갖고 있었을까. 이제야 자연의 경이로움을 느끼고, 자연과 더불어 살아야 한다는 것을 알아가고 있는데.

처음 일을 시작할 때만 해도 이 직업이 자신에게 얼마나 도움이 될까를 고민했지만 그루매니저로 활동하고 많은 사람을 만나면서 사람이 귀하다는 것을 배웠고 그것으로 자신이 크게 성장했다고 한다. 졸업 후 평범하게 조경 회사에 입사했다면 절대 만나볼 수 없었을 사람들도 많이 만났다고 했다.

그루매니저의 중요한 업무 중 하나는 산림 비즈니스 모델을 가지고 있는 그루경영체를 발굴해서 창업 인큐베이터 역할을 해주는 것이다. 이 과정에서 사람들을 만나고 지원 사업을 안내하고 홍보하는 과정이 무척 어려웠다.

'그루경영체'란?

지역의 산림 자원을 활용하여 소득을 증대시키고, 나아가 산림 일자리를 창출하고자 하는 주민들로 구성된 공동체로, 5인 이상이 참여하여 협동조합·마을기업·사회적 기업을 지향하는 공동체를 의미한다.

그루경영체 지원 사업에 대해 안내하고 홍보를 하지만 정말 도움이 될지, 괜히 귀찮게 하는 것은 아닌지 스스로도 확신을 할 수 없었다고 한다. 임현지 그루매니저는 산림 비즈니스 모델 창업에 대한 이해도가 낮았기 때문에 초기에는 그루경영체 발굴에 실패도 많이 했다.

실패의 경험을 통해 하나씩 보완점을 찾으면서 그루매니저로서 한 단계 더 성장할 수 있는 계기가 되었다. 이제는 그루경영체 지원 사업 설명도 능숙해졌으며 여러 기관에서 설명회를 진행하기도 한다.

그루경영체에 참여하고 있는 사람들은 청년에서부터 중장년층에 이르기까지 다양하다. 부모 나이 또래의 어른들을 만나면 농사 지은 것을 나눠 주며, 밥을 잘 챙겨 먹는지 걱정도 해준다고 한다.

"새로운 도전에 두려움이 없다면 거짓말이겠죠. 힘들 때마다 잘하고 있어, 잘할 거야라고 격려해주신 부모님의 응원이 큰 힘이 됐어요."

'그루매니저'가 발굴한 강릉의 숨은 보물들

임현진 그루매니저는 그동안 모두 5개의 그루경영체를 발굴했다. 이들은 모두 자신에게는 보물처럼 소중한 존재들이다. 이제는 이들을 적극적으로 지원해 빛나게 해주고 싶은 꿈이 있다. 임 그루매니저로 부터 이들 다섯 개 그루경영체에 대한 소개 이야기를 들었다.

'대굴령천년의향기'는 국립대관령치유의숲이 위치한 어흘리마을 부녀회원 5명이 운영하는 그루경영체다. 꽃차와 천연 염색 체험 프로 그램을 사업 아이템으로 삼아 활동하고 있다.

생태 전환 플랫폼 '내일'은 유일하게 청년들로 구성된 그루경영체 로 산림 콘텐츠를 기획하고 지역의 산림 생태 관광 및 환경·생태 교 육을 주제로 활동하고 있다.

'대굴령천년의향기' 부녀회원들이 만든 꽃차(왼쪽)와 '숲꼬댕이'에서 만든 꽃, 과일 코디얼 (오른쪽).

'수풀탐험대' 그루경영체는 귀촌한 학부모들이 자녀들에게 건강한 숲을 느끼게 해주자는 마음으로 모여 숲 놀이와 숲 체험을 주제로 활동한다. 자신들은 어릴 때, 알려주지 않아도 숲에서 곤충을 잡고 뛰놀았는데 요즘 아이들은 돈을 주고 프로그램 신청을 하고, 경험해야 한다는 것이 안타까웠다고 했다.

'하슬라 힐링 숲' 그루경영체는 원예 심리 상담사들이 모여 새로운 숲 심리 상담 프로그램과 키트 개발을 목적으로 활동하고 있다.

'숲꼬댕이' 그루경영체는 주문진에 있는 마을 공동체로 마을 주민들이 주축이 되어 꽃 코디얼cordial과 시럽을 만들고 수제 책 제작과 체험 프로그램을 운영한다. 코디얼은 꽃이나 과일을 끓여서 차처럼 만든 것으로 우리나라 청과 아주 흡사하다.

숲꼬댕이에서는 부가가치를 높이기 위해 스마트팜을 만들어 직접 꽃 재배를 하고 코디얼과 차를 만들며 그것을 판매함으로써 새로운 일자리 창출에도 나서고 있다고 한다. 1, 2, 3차 산업을 복합한 6차 산업에 대한 도전이다.

'숲꼬댕이'에서 책 만들기도 배우고, 코디얼 차를 마시며 여유를 즐겨 보면 어떨까? 생각만 해도 입에 침이 고인다.

임현진 그루매니저는 이들 그루경영체들의 홍보와 판로 개척을 돕고 필요한 부분에 대해서는 전문가와 매칭을 통해 교육 지원도 하고 있다. 귀촌을 해서 농사를 짓거나, 공예나 목공에 관심이 있는 사람들은 그루경영체에 지원하면 큰 도움을 받을 수 있다.

지역에서 자연과 함께 뛰고 있는 MZ세대의 젊은 청춘들을 보면서 많은 생각이 떠올랐다.
20대의 열정과 패기에 50플러스들의 경험을 더한다면 시너지 효과가 나지 않을까.

'50플러스'와 MZ세대가 함께 가는 길

그루매니저는 학력이나 나이에 제한이 없다. 신중년들이 도전해볼 만한 분야다. 지역별로 한 명밖에 선발하지 않는다는 점은 아쉽다. 그루매니저가 지역에 한 명씩이 아니라 둘씩 있고, 청년과 신중년 세대가 함께 활동하면 더 좋겠다는 생각이 들었다. 20대의 열정과 패기에 50플러스들의 경험을 더해 운영한다면 시너지 효과가 나지 않을까.

귀농이나 귀촌이 아니더라도 지역에서 자연과 어울리면서 가슴 뛰는 일을 하면서 살아보는 것은 어떨까.

친구들에게 지역살이 꿈이 있다고 하면, 낭만은 버리라고 충고한다. 텃세, 숲속의 벌레, 먼 병원, 문화 생활 등 불편한 점이 많다는 것이다. 그 말에 동조하며 꿈을 쉽게 포기했다. 하지만 지역에서 자연과 함께 뛰고 있는 MZ세대의 젊은 청춘들을 보면서 많은 생각이 떠올랐다.

이상! 우리의 청춘이 가장 많이 품고 있는 이상! 이것이야말로 무한한 가치를 가진 것이다. 사람은 크고 작고 간에 이상이 있음으로써 용감하고 굳세게 살 수 있는 것이다.

민태원이 쓴 《청춘예찬》의 한 대목이다. 그래, 내 나이가 어때서. 꼭 귀촌이나 귀농이 아니면 어떠랴. 훌훌 떠나도 될 때, 마음에 맞는 지역에서 노인들을 위한 문자 해득 교육이나 치매 예방 교육을 하며, 봉사와 더불어 자연과 어울리면서 가슴 뛰는 일에 뛰어들면 차가워진 심장이 물방아 같은 고동으로 거세게 다시 뛸 것 같다. 생각만 해도 가슴이 뜨거워진다.

낯선 도시의
향기에 빠지다

이소희

직장을 그만두고 2년 반 동안 배낭여행을 했다. 세상을 돌아다니며 살기 위해 그래픽디자인 자격증을 땄으나 컴퓨터가 체질에 맞지 않았다. 외국에서 일자리 구하기 쉬울 것 같아 요리를 배워 영양사와 다수의 조리사 자격증을 따고 10년을 먹고 살았다. 최근 환경과 건강한 먹거리에 관심이 생겨 유기농업기능사 자격증을 따고 귀농·귀촌 교육을 받았다.

보헤미안커피·강릉브루어리 바이 현

강릉에서 커피와 맥주에 취하다

전 세계를 돌며 살아보다

사람들은 나를 보고 용감하다고 말한다. 아마도 무모해 보이는 여행 때문일 것이다. 2007년 회사를 그만두고 여행을 떠났다. 첫 장기 여행지로 그 험하다는 인도를 택했다. 겁도 없이 혼자서 3개월을 다니다보니 자신감이 생겼다.

다음엔 배를 타고 떠났다. 돌아올 날을 정해야 하는 비행기표 대신 인천에서 편도로 배표를 끊고 중국으로 갔다. 중국에서 한 달, 베트남에서 보름 여행 후 캄보디아로 넘어갔다. 캄보디아에 처음 도착했을 때는 겁이 났다. 버스가 깜깜한 길가에 섰기 때문이었다. "전기가 부족해 어둡지만, 터미널이 맞다."는 말을 듣고 머뭇거리며 버스에서 내렸다.

사람들을 따라 길가의 방갈로 숙소에 묵었다. 주황색 희미한 알전구 아래 허술한 판자벽에 기대 앉아서 동이 틀 때까지 자다 깨다를 반복했다. 전쟁 영화에 나오는 포로수용소 독방 같은 느낌이었다. '이렇게까지 하면서 여행을 해야 하나' 하는 회의감이 밀려올 정도로 고단한 밤이었다.

가난한 앙코르와트를 여행하고 태국 국경을 넘어 오랜만에 포장된 도로를 달리니 부자 나라에 온 느낌이었다. 방콕 카오산로드에서 한 달 살기를 했다. 그곳에서 만난 여행자들과 친해져 새해 파티를 위해 꼬창이란 섬에 가서 소원을 담은 풍등을 날렸다. 수많은 풍등이 바다 위 검은 하늘로 사라지는 모습은 아름다웠다. 새해를 다시 이국에서 맞이하는 날이 올까. 그런 날이 오기를 간절히 소망했다. 태국과 인도, 라오스를 여행하고 귀국하니 8개월 정도가 지났다.

이제 일해야지, 마음먹고 있는데 뜻하지 않은 '사고'가 터졌다. 남미 여행을 준비하시던 아빠가 무릎 인대가 늘어나는 부상을 당하셨다. 의사의 만류에도 불구하고 기어이 여행을 떠나시겠다는 아빠가 걱정돼 남미 여행에 동행하겠다고 결정한 건 실수였다. 다친 아빠의 몫까지 커다란 배낭을 메고 3개월 동안 남아프리카와 남미의 고산과 정글을 돌아다녔다. 심지어 아르헨티나에서 주운 돌덩이 3개까지 배낭에 들어갔다(아, 그 돌멩이들을 생각하면 지금도 눈물이 앞을 가린다. 아버지는 나중에 그 돌을 유산으로 내게 물려주신단다. 이런). 혼자만의 여행에 익숙한 내가 고집 센 아빠와 석 달 밤낮을 붙어 있어야 했던 여정은 결코 쉽지 않았다. 그런데 시간이 지날수록 참 고마운 실수라는 생각이 든다.

'외국에서 산다면 여행처럼 재미있는 일상이 되겠지.'라는 단순한 생각으로 이민을 준비했다. 컴퓨터, 영어, 요리를 배운 뒤 집과 차를 정리하고 트렁크 하나와 배낭 하나를 들고 호주로 갔다. 그리고 3개월을 살았다. 여행과 삶은 다른 이야기였다. 내 준비 목록에 사람은 없었다. 사랑하는 가족과 친구들 그리고 나(한국에서의 경력)를 버린 삶은 별로 재미없었다. 그래서 다시 돌아왔다. 하지만 세상에 의미 없는 경험은 없다고 2년 전에는 라면도 못 끓이던 내가 아동 영어 요리 강사로 새로운 삶을 시작할 수 있었다.

요리 실력을 키워 예비 사회적 기업도 만들었다. 다양한 요리 강의를 하고 케이터링 사업도 했다. 하지만 무리한 업무로 인해 건강에 브레이크가 걸렸고 나는 다시 여행을 떠났다. 45일 동안 838킬로미터의 스페인 산티아고 순례를 마치고 포르투갈에서 50대의 첫날을 맞이했다. 유럽의 미식 도시에서 마음껏 먹고 북아프리카의 광활한 자연을 즐겼다. 이집트에서 블루홀blue hole 스쿠버다이빙을 하고 조지아로 도보여행을 갈 계획으로 등산화를 사서 비행기를 탔다.

하지만 코로나로 공항이 닫히는 바람에 이집트에서 4개월을 갇히기도 했다. 이렇게 9개월을 여행한 후 한국에 돌아왔다. 한국에 와서도 두 달 넘게 김해, 제주도, 울릉도, 홍천을 돌아다니다 귀가했다. 내가 다녔던 여행들을 뒤돌아보니 나름 '살아보기 장인' 같다. 살아보

기는 '이주'와 다르다는 생각에 타향에 삶의 뿌리를 내린 두 사람과의
만남을 통해 은퇴 후 나의 지역살이를 위한 팁을 얻고 싶었다.

사람의 '팔자'를 바꾸는 커피

한국의 커피는 바리스타 1세대인 '1서 3박'에서 시작되었다고 한다.
서정달, 박원준, 박상홍, 그리고 박이추가 그 주인공이다. 그 중에서
박이추 선생은 지금까지 유일하게 현업에서 활동하고 있는 '현역' 바
리스타다. 박이추 선생을 만나기 위해 영진해변 근처에 있는 보헤미
안커피 본점을 찾았다. 본점은 강릉 시내를 벗어난 꽤 외진 곳에 있었
다. '내비게이션이 잘못된 게 아닐까?' 걱정을 하며 마지막 코너를 돌
자 아담한 옛 펜션 건물이 나타났다.

보헤미안커피 본점 입구(왼쪽)와 내부 모습(오른쪽). 빛바랜 수채화처럼 소박한 분위기다.

웅장하고 화려한 외관의 다른 보헤미안커피 분점들과 달리 본점은 빛바랜 수채화처럼 소박한 공간이어서 오히려 당황스러웠다. 계단을 따라 2층으로 올라가는 통로에는 박이추 선생이 소개된 신문 기사들이 빼곡하게 스크랩되어 있었다. 사람으로 가득한 카페 안쪽, 크고 오래된 커피 기계와 책이 가득 쌓여 있는 방에서 박이추 선생과 대화를 나누었다.

그의 삶은 '살아보기' 그 자체였다. 본인은 '도망(가출)'이라고 표현했지만 내겐 '도전'으로 들렸다. 일본에서 태어난 선생은 시골에서 일하는 것을 반대하는 부모님으로부터 도망 나와 목장에 일하러 갔는데 너무 힘이 들어 거기서 다시 도망을 쳤다고 한다.

"그게 두 번째 도망이었지."

어린시절을 회상하는 선생의 얼굴에 장난기가 어렸다. 한국으로 건너와 농장을 운영했지만 경영이 어려워지자 다시 일본으로 돌아갔다. 마침 일본에서는 커피가 유행했다. 커피를 배우고 현장에서 경험을 쌓은 후 한국에 돌아와 서울에 카페를 차렸고 13년 동안 운영했다. 이후 오대산과 경포에서도 3년간 카페를 운영했다.

조용한 곳을 찾아 지금의 보헤미안커피 본점에 자리를 잡았다. 바다가 보여서 좋았다. 경치는 좋은데 커피가 맛이 없어 장사가 안 되는 곳이었다고 한다. 카페를 처음 열었을 땐 사람이 많이 오지 않아 오히

보헤미안커피 본점 입구에서 박이추 선생(가운데)과 함께. 왼쪽에서 세 번째가 필자.

려 커피를 마음껏 볶으면서 연구를 할 수 있었다. 강릉이 커피 도시가
된 이유는 여러 가지가 있겠지만 박이추 선생도 그 중 매우 중요한 이
유가 될 수 있을 것 같았다.

  선생은 커피의 강력한 에너지에 귀를 기울여야 한다고 말한다. 커
피를 오래 하다보면 커피가 원하는 것을 알게 된다고 했다. 맛없는 커
피는 그것을 모르는 사람의 잘못이라고 하며 책을 한 권 보여주셨다.
일본에서 유명 바리스타가 낸 커피 책을 재미있게 읽어서 10년 후 나
온 한국의 번역판을 샀는데 재미가 없었단다. 우리에게 도움이 되는
것은 그 사람의 철학과 공부하는 법, 성장 과정인데 우리나라는 기술
에 집중하다 보니 '사람의 이야기'를 다 뺐기 때문이다.

  커피를 가르치다 보면 돈을 벌려고 커피를 배우는 사람들을 많이
만나게 되지만 선생은 그런 사람들에겐 카페를 하지 말라고 한다. 커

피는 돈이 될 수 없다. 선생은 돈을 위해 커피를 내리지 않는다. 가게가 아무리 바빠도 절대 손님이 계산하는 돈이나 카드를 만지지 않는다고 한다. 커피를 좋아하는 사람으로서 자존심이자 신념이다. 나도 커피를 좋아한다. 그 중에서도 예가체프가 좋다. 좋은 원두는 아가씨의 맑은 웃음소리 같은 맛을 내기 때문이다. 선생이 좋아하는 커피가 궁금했다.

"선생님, 맛있는 커피는 어떤 커피인가요?"
"당신의 팔자와 운명이 바뀌는 커피예요. 본인의 팔자와 운명이 바뀌지 않았으면 맛있는 커피를 마시지 않은 거야."
"선생님은 언제 그런 커피를 마셨나요?"
"그건 어느 순간에 오는 것이 아니라 서서히 옵니다. 때가 되면 자신도 모르게 달라져 있는 인생을 알아차립니다. 나도 22년 동안 서서히 변화되었습니다."

난 맛있는 커피의 순간인 '시각'을 여쭸는데 선생은 과정인 '시간'을 말씀하셨다. 예상하지 못한 대답에 뒤통수를 맞은 듯 멍했다. 커피 철학자다운 대답이었다.

선생은 최근 베트남 등 여러 나라를 돌아다니다 라오스에 땅 6,000평을 사서 직접 커피를 심었다. 농장을 좋아하기도 하지만 가난한 커피 농부의 삶에 변화를 주고 싶은 마음도 컸다. 라오스 커피 농부의

운명과 팔자를 바꿔주고 싶어 했다. 돈이 많이 드는 일이지만 나이가
든 사람은 베풀고 살아야 한다고 한다. 그가 말하는 "사람이 된 사람
만 커피를 해야 한다."라는 철학에 맞는 삶을 실천하고 있었다.

박이추 선생은 커피 연구를 위해 목요일부터 일요일 오후까지만 가
게에서 일한다. 일을 줄이고 겨울이면 해외에 나가 지내고 싶다고 했
다. 라오스 커피 농장 이야기를 할 때마다 표정이 밝아졌다. 선생은
강릉의 눈과 산, 바다도 좋아하지만 가장 좋아하는 곳은 조용한 곳이
라며 울진으로 이주를 준비하고 있다고 했다.

"다시는 여러분을 만날 일이 없을 거예요."

선생은 강의를 할 때마다 수강생들에게 그렇게 말한다고 한다. 우
리의 만남도 오늘이 마지막일 거라고 했다. 사람과의 관계성에 지친
걸까. 커피에 집중하고 싶은 걸까. 아니면 나처럼 '다음'을 남기지 않
는 걸까. 여행을 다니다 보면 '다음'을 만날 경우는 드물었다. 그래서
내 마지막 '빠에야', 마지막 '사하라', 이 여행자와의 마지막 인연이라
생각하며 무슨 일이든 항상 최선을 다하려 노력했다. 선생과 만남 후
에 강릉에 사는 지인과 식사를 하며 박이추 선생에 관해 물어봤다.

"커피는 개인 취향인데 어쩌다 물이라도 타면 난리가 나. 꼭 자기가
준 대로 마셔야 해. 굽히는 법이 없어."

보헤미안커피에서 드립백 형태로 판매
하고 있는 보헤미안 블렌드

보헤미안커피에 다시 들러 선생이 커피 내리는 것을 지켜봤다. 원두의 종류에 따라서 드립 시간과 방법이 달랐다. 둥그렇게 굽은 등으로 세상과 단절한 채 커피 소리에 집중하고 있었다. 보헤미안커피는 정말 맛있다. 커피쟁이라고 자신을 칭하지만 난 선생을 커피 철학자로 부르고 싶다. 강릉의 대표적인 커피를 마셨으니 이제 맥주 맛을 한번 봐야겠다. 커피만큼 또 유명한 것이 바로 강릉의 수제 맥주다.

강릉의 산에서 술의 향을 얻다

강릉의 대표적인 수제 맥주 전문점을 운영하는 '강릉브루어리 바이현'의 김상현 대표는 강릉 사람인 아내를 만나 강릉 살이를 시작한 지

25년째다. 강릉브루어리 바이 현을 운영하기 시작한 것은 4년 전. 그 전엔 전통주와 맥주를 가르쳤다. 그는 '가르친다'는 표현보다 '코칭'이란 표현을 좋아한다. 가르침이란 상대의 내적 준비 상태에 따라 여과되거나 변질될 수 있기 때문이다. 그보다는 타인의 가능성을 촉진하는 것을 도와주는 데 사명감을 갖고 있다고 한다.

"강릉브루어리는 강릉 지역의 색채를 지향하고 있습니다."

유럽의 역사 깊은 작은 양조장에선 야생 효모를 몇백 년 동안 배양해 그 양조장만의 맛을 만든다. 맥주는 수입 균을 사용해도 만들어서 팔기까지 한 달이라는 시간이 필요하다. 많은 자본을 투자해서 양조장을 만들었기 때문에 경제성을 생각하게 되면 야생 효모를 쓰는 것

강릉브루어리 바이 현 매장에 있는 맥주 양조 기계들의 모습.

이 결코 좋지 않다.

천연 효모로 맥주를 만드는데 처음엔 석 달이 걸렸다. 지금은 숙달이 됐지만 그래도 두 달이 걸린다. 생산성이 떨어지지만 핵심은 자신이 그 일을 좋아하느냐는 것이다. 김 대표는 직원의 도움 없이 혼자 맥주와 막걸리를 만든다. 균은 살아 있는 생명체라 그가 의도한 대로 반응하고 변화한다. 그런 느낌을 좋아한다. 발효를 좋아했기 때문에 4년 동안 햇볕도 들지 않는 공간에서 3D 직종의 노동 강도를 견딜 수 있었다.

나도 요리 강의를 하다 '곳간'이라는 가게를 열어 3년여를 고군분투했다. 취약 계층에서 직원들을 뽑아 가르치며 조리를 했다. '매일 바뀌는 식단'이라는 강한 실험 정신으로 매장을 운영하느라 고생도 많았지만 요리사로서 성장할 수 있는 기회였다. 침대에서 일어나면 온몸의 세포 하나하나가 비명을 지르는 것 같은 아침의 연속이었다. 김

강릉브루어리 바이 현의 수제 맥주 샘플러.

대표가 '노동 강도'를 말할 때 내 몸이 옛날을 기억하는지 쑤시는 것 같은 느낌이 들었다.

김 대표는 재료의 특성이 살아있는 술을 만들고 싶어 솔잎, 배, 곶감 등 강릉 특산물로 효모를 만들어 추출해 사용하고 있다. 이런 방법들이 정답이라고 할 수는 없지만 효모들이 주는 술의 다양한 변화에 행복감을 느낀다. 수익성은 떨어져도 직업적인 만족이 있기 때문이다.

"양조장을 하면서 홍보를 한 번도 안 했습니다. 지금의 균을 만드는 데 2년 정도 걸렸어요. 그 전에 많은 사람들이 찾아 왔다면 양질의 맥주를 공급하는 것이 불가능했을 겁니다. 우연히 맥주를 드시고 마음에 들어 다시 찾아오는 분들이 단골이 됐죠."

BTS가 올 초 강릉브루어리 바이 현에 방문한 게 알려지며 주말 관광객 손님이 늘었다. 하지만 평일엔 손님이 많지 않다. 코로나의 영향도 있었고 지역 주민들에게 적극적으로 홍보를 하지 않은 이유도 있다. 코로나로 인한 사회적 거리두기 기간 동안 매출의 80~90퍼센트가 줄어 타격이 심했지만 대신 시간적 여유가 생겼다. 많은 연구를 통해 원했던 균을 만들어 내 더 좋은 술을 만들 수 있는 계기가 됐다. 매출만 보면 울고 싶은 마음이지만, 개인적으로는 행복한 시간이었다고 한다.

수제 맥주와 잘 어울리는 강릉브루어리 바이 현의 대표 메뉴 '감바스 알 아히요'.

직원들이 있지만 주방과 양조장의 작업은 김 대표의 몫이다. 막걸리와 맥주를 같이 양조하는 점도 매우 흥미로웠다. 강릉브루어리 바이 현의 막걸리는 야생 효모를 이용해서 화이트와인 같은 질감과 산미를 주기 위해 쌀죽처럼 된 재료를 세 번 발효해서 만든다. 어르신들은 막걸리의 맛이 아니라고 하지만 그게 김 대표가 의도했던 것이기도 하다. 전통적인 막걸리의 이미지에서 벗어나 젊은층이나 외국인 손님들에게 신선한 충격을 주기 위한 시도였다.

막걸리의 패러다임을 바꾸고 싶었다. 음식과 곁들여 먹어도 묵직하거나 배부르지 않은, 맥주나 와인같은 막걸리를 만들어 보자는 것이 강릉브루어리 바이 현 막걸리의 출발점이라고 했다. 내 입에도 막걸리의 첫맛은 충격적이었다. 너무 신맛이 났다. 그런데 신기하게도 피자, 감바스 등과 같이 마시니 산뜻한 샴페인을 마시는 기분이 들어 기분이 좋았다. 마리아주mariage로 훌륭했다.

강릉브루어리 바이 현의 수제 맥주 종류는 필스너, 에일, 바이젠 등이 있는데 각 맥주별 특징이 정확하게 살아 있어서 마치 공부 잘 하는 모범생처럼 야무지고 단정한 맛이었다. 일부 수제 맥주들이 가진 약한 뒷맛도 잘 잡아냈다. 그는 본인이 좋아하는 술을 만든다. 그렇게 할 수 있었던 데는 아내의 존재도 컸다.

"난 대중적인 사람은 아닙니다. 아내는 옆에서 이런 제 모습을 오랫동안 지켜보느라 많이 힘들었어요. 그런데 그 과정에서 나를 믿고 응원해주는 사람은 아내밖에 없었죠. 내겐 영원한 친구 같은 존재입니다."

야생 효모를 사용하는 양조장은 오염이 되지 않은 시골이나 깊은 산속에 있다. 나도 서울과 경기도에서 누룩 만들기를 몇 번 시도했지

강릉브루어리 바이 현의 김상현 대표(가운데 정면)와 함께.

만 실패한 경험이 있다. 하얀 균이 피어야 하는데 오염된 공기로 인해 푸르거나 검은 균이 피었던 기억이 있다.

강릉은 바로 옆에 효모를 채취할 수 있는 산이 있고 힐링할 수 있는 바다도 있지만 서울처럼 대형병원도 있고 편의 시설도 가까이 있다. 동계올림픽 이후에는 더욱 살기 쾌적한 도시가 됐다.

김 대표는 지역살이를 위한 조건으로 "가슴이 뛰는 일을 할 수 있는 지역을 선택하라."고 조언한다. 그는 술 교육을 통해 신중년 이주민들을 많이 만났다. 예전의 경력을 갖고 지역에서 새로운 직업을 구하는 것은 쉽지 않지만 봉사의 문은 많이 열려 있다. 이제껏 열심히 일하며 살아왔으니 마음의 여유를 갖고 즐겼으면 좋겠다고 했다. 지역살이의 핵심은 지역이 아닌 '내가 행복한가'이다.

요리 하는 일이 좋아졌다

박이추 선생은 바다가 보이는 곳을 따라 강릉에 왔다. 그는 커피의 목소리를 들을 수 있는 조용한 곳을 원했다. 보헤미안의 자유로운 영혼은 선생을 라오스의 커피 농장까지 이끌었다. 김상현 대표는 아내를 만나 강릉에 왔다. 청정한 자연에서 야생 효모를 배양해 자기가 원하는 술을 만들어 낸다. 그 과정이 힘들어도 상관없다. 좋아하는 일을 하기 때문이다.

과정이 조금 힘들어도 상관없다. 좋아하는 일을 할 수 있다면. 사진은 강문해변 세인트존 스호텔 앞 하늘 계단.

내게 요리는 즐김보다 절박함이었다. 늦은 나이에 시작했기 때문에 부족함을 메우기 위해 쉼 없이 달려왔다. 그 전엔 요리를 못해서, 직업이 된 후론 지쳐서 집에서 요리를 하지 않았다.

지난 여행 중 의도치 않게 코로나 난민이 돼 이집트의 작은 마을에 갇혀 4개월을 살았다. 나무 없는 산, 구름 없는 하늘과 깊고 푸른 홍해가 있는 곳이다. 소박하지만 행복한 나날이었다. 프리다이빙, 요가와 명상을 좋은 사람들과 함께했다. 나른한 장소였다. 문을 열면 염소들이 돌아다니고 고양이는 담을 타고 와 손길을 요구했다. 햇빛 가득한 시장에서 필요한 만큼의 재료를 사서 내 몸과 내 주변의 사람들을 위해 천천히 요리했다. 음식은 소소한 삶 중에서 기쁨과 소통을 만들어 주었다. 요리하는 게 즐거웠다. 이젠 한국에 와서도 시간에 쫓기지 않고 가족들을 위해 요리를 한다. 그 시간이 참 좋다.

강릉에서 두 사람과 만나 이야기를 하기 전엔 이집트 살이가 내게 준 변화를 깨닫지 못하고 있었다. 지역살이의 성공은 소중한 사람과 내가 좋아하는 일을 행복하게 즐길 수 있는 것에 있다. 두렵더라도 용기를 내보자. 항구를 떠나지 않는 배는 바다로 갈 수 없는 법이니까.

이은아

컴퓨터아트와 문화, 심리 상담에 관심이 많으며 영성과 종교에 꽂혀 가톨릭상담심리사 3급 자격증을 땄다. 대학에서 디자인과 콘텐츠 강의를 했지만 학생들이 하도 졸아 콘텐츠 이전에 사람이 재미있어야 한다는 것을 깨닫고 오늘 재미있게 사는 것을 인생의 목표로 조정했다. 사진 찍고 글 쓰며 낯선 곳으로 여행 가서 머물다 다시 떠나는 시니어 노마드를 꿈꾼다.

고래책방 · 독립책방 깨북 · 대추무파인아트

신중년, 예술로 다시 깨어나다

'방랑 본능'에 불이 들어오다

"강릉 가실래요?"

영화 〈봄날은 간다〉 여주인공의 대사, "라면 먹을래요?" 만큼이나
매혹적인 문자가 떴다. 일단, 갈 수 없는 수많은 이유가 떠올랐다. 동
시에 꼭 가야만 하는 강력한 이유가 맞장을 떴다. 새로 만나는 사람
들과 함께 낯선 곳으로 떠나는 여행이라니. 바다가 떠오르면서 가슴
이 설렜다. '살아보기'의 선구자, 마이클과 데비 캠벨 부부의 이야기
가 생각났다. 부부는 은퇴 후 가진 것을 모두 정리하고 에어비앤비를
집 삼아 세상을 돌며 85개국, 270여 개 도시를 여행했다. 시니어 노마

드, 신중년 방랑자다. 나이가 들면 캠벨 부부처럼 살아보고 싶었다.

아주 오래전 나도 잠시 노마드의 삶을 살 기회를 얻은 적이 있었다. 전 국민 해외여행 자유화가 시작되었던 1988년, 어머니는 동료 선생 님들과 함께 호주로 한 달 동안 여행을 다녀오신 후 갑자기 호주로 이 민을 가자고 하셨다. 아버지는 결사반대하셨지만 어머니는 지상 낙 원을 봤다며 나 혼자라도 가보라고 제안하셨다. 자유로운 영혼을 자 처하며 반항심 가득하던 그 시절, 고등학교 졸업을 앞둔 내게 어머니 의 제안은 기적 같았다. 마다할 이유가 없었다. 내 생애 처음으로 방 랑 본능에 불이 들어왔다.

현지인, 여행인, 그리고 유목민

가슴이 뻥 뚫리는 푸른 하늘. 호주의 하늘은 유난히 맑았다. 나는 그렇게 운 좋게 사이다 같은 자연을 가진 호주 멜버른에 가게 되었다. 인생의 모퉁이에는 항상 돌발적인 일들이 기다린다. 멜버른에 도착 한 바로 다음 날 지금의 남편을 만났다. 호주에서 학교에 다니며 함 께 청춘을 보냈다. 순수했던 나만의 꿈은 자연스럽게 공동의 꿈이 되 었다. 세상에는 현지인, 여행인, 그리고 유목민, 이렇게 세 가지 종류 의 사람들이 있는 것 같다. 이 차이가 세상을 관찰하는 태도와 경험의 폭을 바꿔 놓는다. 그렇게 한동안 여행하는 사람과 거주하는 사람의 중간 지점에서 세상을 보는 노마드의 삶을 살았다. 한국에 돌아와서는 아이 키우고 공부하고 일도 하면서 간간이 디자인 작품을 발표하고 글도 썼다. 현지인으로 사는 삶에 뿌리를 내렸다.

가족과 지인들의 여행에 따라다닐 기회가 많았던 것은 순전히 운이 좋아서…아, 아니다. 내 의지였다. 심지어 부모님 효도 관광에도 꼽사리 끼어서 갔으니까. 눈치 보는 것은 잠깐이지만 기억은 영원하다. 그렇게 꾸역꾸역 다닌 곳이 살아본 곳 포함해서 세계 25개 도시 정도된다. 그래도 목마르다.

배낭여행이 대유행하던 때가 있었다. 친구가 야무지게 아르바이트한 돈으로 내가 있던 호주로 찾아왔다. 함께 여러 곳을 돌았다. 그때 그 여행이 생각난다. 철없고, 계획 없고, 마냥 즐겁기만 했던 시간. 마음이 꼭 그때 같다. 옛날의 나로 돌아가 보고 싶었다. 신중년 방랑자로서의 출발선을 넘는 시험 여행이 될 수 있을까 확인해보고도 싶었다.

서점, 인구 밀도가 가장 높은 공간

〈구해줘 숙소〉라는 맞춤형 숙소 찾기 TV 프로그램을 보면 환상적인 숙소가 줄줄이 나온다. 특이하게도 라운지에 책을 구비하거나 따로 서가 공간을 준비해둔 숙소가 많이 등장했다. 그런 곳이 인기도 더

강릉의 대표 서점이자 복합 문화 공간인 '고래책방'. 푸른 통유리의 4층 건물이다.

많았다. 혼자 떠나는 여행도 많아지는 요즘엔 책과 여행처럼 잘 어울리는 것도 없다. 나도 책을 좋아해서 책방에 자주 간다. 미술관에서 작품 감상하듯 책을 '보는' 것이 좋다. 시간 가는 줄 모른다. 그래서 나는 사람들보다는 책과 노는 것을 더 좋아하는 책 애호가인 줄 알았는데 고래책방 김선희 대표의 말을 들어보니 새로운 깨달음이 왔다.

"세상에서 인구 밀도가 가장 높은 곳은 서점입니다."

수많은 책의 저자들이 빽빽하게 서 있는 곳. 책을 쓰고 책을 만든 사람 중 나와 가장 죽이 잘 맞는 이들을 만나러 책방에 가는 거였다.
강릉의 대표 서점이면서 복합 문화 공간인 고래책방을 찾았다. 깨

김선희 대표는 서점 지하 1층 공간을 강릉 작가들의 책을 모은 특화 공간으로 만들었다.

끗하게 잘 닦여진 통유리로 이루어진 외관만큼 내부도 현대적이었다. 4층 건물에는 카페와 베이커리, 책을 읽을 수 있는 공간, 작은 회의실과 함께, 대담이나 아티스트 토크 등이 열리는 큰 세미나실까지 갖추고 있었다. 가끔 미술품 전시도 한다.

고래책방을 운영하는 김선희 대표는 13년간 교직에 있다가 갑작스럽게 학교가 폐교되면서 하루아침에 직장을 잃었다. 인생 최대의 전환점에서 내 길은 내가 개척해야겠다는 절박감에 생각한 것이 책방이었다. 하지만 서점은 물론 도서관 관련 공부나 경험이 거의 없어서 초창기에 무척 힘들었다고 한다.

서점 입구에 들어서면 중앙 통로에서 왼쪽에 아래층으로 내려가는 계단이 있다. 천장이 없어 개방감 가득한 이 지하 1층 서가는 김 대표가 서점 내에서 가장 좋아하는 공간이다. 책방을 처음 시작할 때 사람들이 고래책방에 와야 하는 당위성에 대해 고민을 많이 했는데 그 고민에 답을 할 수 있게 해준 공간이기 때문이다.

강릉을 특색 있게 만들어주는 것이 무엇이 있을까 생각했단다. 강릉을 대표하는 인물들을 한 사람, 한 사람 톺아봤더니 133명이 나왔다. 이들의 책을 모으기 시작했다. 신사임당과 허난설헌 같은 강릉 대표 인물들은 물론, 강릉에서 나거나 강릉을 배경으로 활동하는 드라마 작가, 시인 등 문인들의 책도 찾았다. 강릉의 상징이 된 커피에 관한 책들도 빼놓을 수 없었다. 강릉을 다른 지역과 차별화할 수 있는 책들을 몽땅 모아 따로 서가를 꾸몄더니 강릉 역사 도서관 같은 지금의 지하 1층 서가가 탄생했다고.

출입구가 있는 1층으로 다시 올라오면 조명 딸린 검고 긴 테이블이 알록달록 책들 사이에서 자리를 지키고 있다. 입구 통로 오른편에는 베스트셀러 가판대가 마련되어 있는데 순전히 고래책방의 판매율에 근거해서 책이 놓인다고 한다. 다른 층의 일반 서적들도 배치가 독특하다. 서점의 효율을 위해 책등이 보이도록 해서 많은 책을 꽂아두는 대신 책 표지가 넓게 보이도록 책을 진열해두었다.

예술에서 시작해서 과학, 역사, 철학, 심리학 등의 순서로 서가를 배치한 것도 인상적이었는데 김 대표는 인간의 생애주기를 고려한 구성이라고 덧붙였다. 어릴 때는 예술에 관심을 갖고, 자라면서 과학과 역사 교육을 받게 되고, 삶을 깨닫는 시기에는 철학과 심리학에 관심

고래책방 내부 모습. 고래책방만의 베스트셀러 가판대가 마련되어 있다.

을 많이 갖게 된다는 생각 때문이다. 서가를 따라 걸으면서 잠시나마 삶에 대해서 생각하게 된다. 어린이책 서가는 서점 가장 중앙에 배치했다. 아이들을 위한 것이기도 하지만 본인들 책은 사지 않아도 아이들 책은 꼭 사주는 부모들을 위한 것이기도 하다.

2층으로 올라가는 계단 옆에 차분하고 고풍스러운 가구들로 장식된 작은 방이 눈길을 끌었다. 대여해서 이용할 수 있는 작은 회의실인데 은근히 인기가 많다. 이 공간을 자주 이용하는 사람들은 의외로 보험회사 영업사원들인데 편안하면서 안정적인 공간에서 상담을 하면 보험 계약 성사율이 높아서 일부러 이곳에서 고객들을 만난다고. 좋은 분위기는 사람의 마음을 움직인다.

내가 있는 곳을 꽃자리로 만들어요

소파와 테이블이 놓인 4층 다목적 회의실은 누구에게나 개방되어 있다. 강릉시의 시목(市木)인 배롱나무 이름을 따서 시작된 배롱대담이 이곳에서 열리며 대추무파인아트 갤러리와 함께 하는 썸머 아티스트 토크도 1회부터 계속 진행되고 있다. 그밖에도 건축, 미술 관련 전문가들의 강연도 종종 열리고 있다. 대중들에게 개방된 공간치고는 무척 고급스러운 느낌이다. 벽에 걸린 미술 작품들, 소파에 무심한 듯 놓인 쿠션의 감각적인 색감에도 자꾸 눈이 간다. 예술에 남다른 애정이 느껴져 이유를 물었다.

"내가 있는 곳을 꽃자리로 만들고 싶었어요."

김 대표는 봉평 태생이지만 강릉 남자를 만나 강릉에 터를 잡았다. 강릉은 자연스럽게 네 자녀들의 고향이 되었다. 좋은 부모가 되고 싶은데 무엇을 남겨주면 좋을까. 대표는 자녀들에게 아름답고 깨끗한 고향에 대한 기억을 남겨주자고 생각했다고 한다. 그래서 고래책방은 문학 이야기, 아름다움에 관한 이야기에 이어 환경에 관한 이야기도 다룬다. 환경 보존에 관한 포럼도 연다. 외지에서 나가 살게 되더라도 고향에 대한 기억이 아름답기를. 언젠가 돌아오게 되면 아름다운 고향이 반겨줬으면 좋겠다고. 그래서 책방 이름도 다시 돌아온다

김선희 대표(가운데)는 13년간 교직에 있다가 학교가 폐교되면서 내 길은 내가 개척해야겠다는 마음으로 책방을 열었다. 왼쪽에서 두 번째가 필자.

는 의미의 're-Go'를 뒤집어 고래라고 지었다.

　인생 책 한 권을 만나 근처 해변에 앉아 파도 소리 들으며 그 속에 빠져드는 시간을 갖고 싶었다. 김 대표는 가족과 함께 책방을 찾아보라고 권한다. 신중년은 행동을 권하고 자리를 펼쳐주는 위치에 있다고. 책방 어느 코너에서 우연히 멋진 교훈을 주는 인생 최고의 친구, 부모, 스승을 만나게 될지 모를 일이다.

　부모의 마음으로 후손들이 놀고, 일하며, 자신을 찾아가는 아름다운 터전을 마련해 주는 일. 이렇게 풀어놓는 것을 강릉말로는 '든내놓다'라고 한다. 나는 이제 꽃길만 걷고 싶다고 생각하고 사는데 누군가는 꽃자리를 만들고 있구나. 꽃자리 꽃내음의 여운이 길다. 내친김에 근처에 있는 독립서점 깨북도 가보기로 했다.

재미와 우연이 주는 감동

건물 2층에 있는 책방을 가기 위해 계단을 오르는데 아기자기 놓여있는 소품 사이에 '50+ 환영합니다'라는 메모가 눈에 딱 들어온다. 독립출판서점 특유의 개성과 감성이 입구부터 폭발한다. 메모만큼이나 따뜻한 인상의 안상현 대표가 일행을 맞이했다. 깨북이라는 책방 이름은 대표가 함께 운영하는 참깨 출판디자인 회사 이름에서 따온 것이다. 사람들은 '깨어있는 책방'이나 '깨가 쏟아지는 책방'이라고 해석하기도 한다. 좋게 말해줘서 고마울 뿐이라고. 이름 덕도 많이 봤다. 아무래도 기억하기 쉽고 강렬해서 먼저 선택받는 느낌이 든다고. 그래도 강릉 대표 독립서점으로 자리매김한 것은 이름 때문만은 아닐 터이다.

안 대표는 윤디자인에서 폰트 디자인 일을 하다 웹디자이너로 전향했다. 그 무렵 결혼과 함께 삶의 큰 변화를 맞이했다. 앞으로 어떻게 인생을 펼쳐갈지 진지하게 고민하는 시기였다. 무작정 왔던 강릉에서 폐업의 운명을 맞이한 독립서점에 대한 소식을 들었다. 모험을 해보기로 했다.

4~5년만 해보자는 가벼운 마음이었다. 편집 디자인을 위한 작업실 공간으로 활용하다가 독립출판도 시작했다. 한 공간에서 다양한 일을 하다보니 디자인 사무실이자, 출판사이자, 서점인 독특한 공간이 만들어졌다. 그래도 이방인의 지역살이가 쉽지는 않았을 것이다.

깨북서점 내부(왼쪽)와 우리를 환영하기 위해 서점 입구에 마련해둔 작은 메모(오른쪽).

"강릉이 고향이야?"

"아닌데요."

"그럼 여기에서 초등학교 나왔어?"

안 대표는 강릉에 처음 내려왔을 때 현지인들을 만날 때마다 이런 질문들을 자주 받았다고 한다. 이 질문에 둘 다 아니라고 대답하면 진심으로 궁금한 듯 다시 이렇게 묻더란다.

"그럼 여기 왜 왔어?"

어느 날은 항상 같은 곳에 나타나는 동네 과일 트럭이 눈에 뜨였다. 단골 주민들에게 몇 개에 얼마, 킬로에 얼마씩이라고 답하던 트럭 아저씨가 낯선 안 대표에게는 대뜸 퉁명스럽게 "이쪽 건 싸고 저쪽 건 비싸."라고 하더란다. 나 같으면 텃세 부리나 싶어 상처받았을 법한데 안 대표는 재미있는 정착 일화였다는 듯 이야기를 이어나갔다. 지금은 현지인들이 이주민들을 오히려 환영하는 분위기로 바뀌었다고 덧붙인다. 2년이 고비라는 독립책방 운영이 쉽지 않았을 것이다. 낯선 곳에 자리 잡기까지 가족에 대한 책임감과 불확실한 미래에 대한 걱정도 많았다. 부인 눈치를 안 볼 수가 없었는데 다행히 이주 초창기에 부인이 덤덤하게 해준 한마디에 힘을 낼 수 있었다.

"여기 맥도날드도 있네."

그 후 강릉 살이가 생각만큼 팍팍하지는 않았다고 한다. 한국예술인복지재단과 인연이 되어서 2년 동안 활동했다. 환경운동 그룹과 연계해 협업을 하고 있으며 강릉영화제에도 참여한다. 깨북에는 독립출판물이 전체 서적의 대부분을 차지하고 있으며 한번 들여놓은 책들은 소진될 때까지 판매한다. 독립출판물들은 대형 출판시스템을 거치지 않기 때문에 수익을 내기 힘든 구조다.

아내가 "당신은 비싼 취미활동을 하는 거야."라며 핀잔을 주지만 그래도 안 대표는 책방 운영에 대한 애정이 크다. 독립출판은 '모두에게'보다는 '누군가에게'를 추구한다. 독특함이 무기다. 다양성을 수용한다는 점에서 독립출판서점은 문화 부흥의 선두에 있다고 할 수

책 추천을 위한 뽑기 기계(왼쪽)와 깨북선물세트(오른쪽). 재미와 우연이 주는 감동을 느낄 수 있다.

있다.

개인적으로 집 근처 독립 영화관에 가끔 가는 편이다. 무작정 가서 가장 가까운 시간대 영화를 보는 날도 있다. 복불복이지만 멋진 영화를 건지면 깜짝 선물을 받은 것처럼 짜릿하다. 깨북에서도 이런 경험을 할 수 있다. 추천도서를 부탁했더니 문방구 앞에서나 볼 수 있는 깜찍한 뽑기 기계를 가리킨다. 무작위로 장난감이 들어 있는 볼이 나오는 기계이지만 깨북의 복불복 뽑기 기계에는 책 이름이 적힌 볼이 가득 들어 있다. 어떤 책이 나오든 새로운 경험과 재미는 무조건 가져가는 것이고, 좋은 책을 만난다면 우연이 주는 감동까지 얻어갈 수 있다.

여행지에서 문득, 작가가 되다

깨북에서는 '강릉은 모두 작가다'라는 프로젝트를 운영하고 있다. 강릉 방문자와 현지인 모두에게 열려 있다. 표현을 잘 하지 않아 재능이 묻힌 사람들의 재능을 꺼내보고자 이 프로젝트를 시작했다고 한다. 강릉 여러 카페에 엽서를 비치해두고 카페를 방문한 손님들이 자유롭게 글을 쓰도록 하며 그 글이 모이면 책으로 출판한다.

글쓰기에 관심이 많은 사람들에게는 재미있는 경험이 될 수도 있다. ISBN 번호를 부여 받은 정식 도서로 발행된다. '힘내'라고 두 글자를 적고 저자가 된 사람도 있다고 한다. 책 한 권이 주는 여운과는 또 다른 느낌이다. 단 두 글자로도 누군가는 감동한다.

'강릉은 모두 작가다'에 이어 조금 더 개인적인 이야기들을 담아낼 수 있는 '일기 쓰기' 프로젝트도 진행 중이다. 일기라는 형식을 빌리면 조금 더 부드럽고 풍부한 표현이 가능하다. '일기 쓰기' 글들을 엮어서 곧 출판할 예정이라고 하니 기대가 된다.

여행 와서 작가가 되어보는 프로젝트. 강릉에 오면 깨북 책방에 들러 자신의 생각을 책으로 꺼내 놓는 문화 체험을 해보고 저자가 되는 기회를 얻을 수 있다. 나도 글로 무엇인가를 표현하고 싶은데 마음대로 되지 않을 때가 많다. 안 대표에게 어떻게 하면 글이 자연스럽게 나올 수 있는지 넌지시 물었다.

디자이너이면서 독립책방 깨북을 운영하고 있는 안상현 대표(가운데).

"한방에 써보려는 욕심을 내려놓고 꾸준히 써야 합니다. 나도 작가가 되다는 생각으로 퇴고를 염두에 두고 글을 써보세요. 전문가들의 평을 듣는 것도 중요합니다."

매일 글을 끄적거리기는 하지만 생각해보니 내 글의 주인의식은 가지지 못하고 산 것 같다. 글쓰기의 생활화를 쉽게 도와주는 '씀', '에버노트' 같은 앱을 활용하면 도움을 받을 수 있다. 깨북 일기 쓰기 밴드에도 가입해봐야겠다. 강릉에서 해볼 수 있는 또 다른 창의적 활동이 있을까.

신은 세상을 만들고 인간은 예술을 만들었다

논길을 따라 들어가다보니 아름다운 고택 옆에 나란히 자리한 현대식 건물이 눈에 들어온다. 노출 콘크리트 건물 2층 창에서 새어 나오는 불빛이 따뜻했다. 강릉 김씨 집성촌에 자리한 현대미술관 '대추무파인아트'이다. 건물 내부는 단순한 박스 모양인데 공간 가운데 2층으로 연결되는 계단이 있다. 한쪽 벽에 큰 작품을 전시할 수 있을 정도로 층고가 높다. 건물 밖에서 봤던 2층 창가 자리에는 작은 카페 공간이 마련되어 있었다. 이곳에서 대추무파인아트의 김래현 대표를 만났다.

김 대표의 아내가 빛깔 고운 자몽차를 내왔다. 맛이 좋았다. 차 한 모금을 마시며 창밖을 내다봤다. 빨간 파라솔이 지키는 갤러리 앞뜰이 눈에 들어왔다. 건물 창틀이 액자가 되어 건너편 멀리 보이는 작은 산이 한 폭의 그림처럼 눈에 들어온다.

'대추무'라는 독특한 이름에 관해 물으니 김 대표는 이 땅의 여성을 이야기했다. 조선 시대에 그려진 여성의 초상화가 한 점도 없다며 보수적인 사회에서 살아야만 했던 우리 어머니들에 대한 애잔함을 드러냈다. 고택의 명칭이기도 한 대추무는 김 대표 어머니의 택호로 어머니 고향의 이름을 딴 것이다. 사회적으로는 크게 드러나지 않던 전통이었지만 여성을 존중하는 면이 좋아 택호를 그대로 갤러리 이름으로 정했다고 한다.

아름다운 고택 옆에 자리한 현대미술 갤러리 '대추무파인아트'.

　화가, 설치 미술가, 사진작가로도 활동했던 김 대표는 강릉문화재
단 이사직도 맡고 있어서 본업인 예술가 활동에 많은 시간을 내지 못
하는 것에 대해 못내 아쉬워했다. 사업가 이전에 한 사람의 예술가로
서 여성이라는 사회적 약자에 공감하고, 우리 사회의 불평등에 대해
서 비판하는 작품 활동을 해왔다. 신중년이 어떻게 하면 어렵지 않고
즐겁게 예술을 즐길 수 있을지 물었다.

　"세상의 모든 것은 신이 만들었지만, 예술은 인간이 만들었다는 말이
　있습니다. 나이 들면서 예술에 자연스럽게 눈을 뜨게 되지만 두뇌 유
　희를 위해서는 철학을 공부해야 합니다."

건물 창틀이 액자가 되어 건너편 멀리 보이는 작은 산이 한 폭의 그림 같다.

니체도 언급했다. 나는 예술이 주는 감동은 인류 보편적이라고 생각해왔다. 아름다운 것을 바라볼 때는 감동 그 자체, 황홀경에 빠지게 되는 순간이 있다. 해돋이를 볼 때처럼 말이다. 김 대표는 생활 예술과 미술관의 현대미술에는 간극이 있다는 설명도 덧붙였다.

예술을 잘 즐기려면 철학과 인문학적 소양이 필요하다는 말에 혼란스러워졌다. 아름다움의 세계를 더 폭넓게 받아들이고 싶은 바람이 있다면 이론 공부가 필요한 부분이 있다. 그런데 아름다움을 이해하는 데 고도의 노력이 필요하다면 선뜻 다가가지 못하고 쉽게 즐기기 어렵지 않을까.

예술의 도시, 아트 강릉의 길

살면서 이미 굳어진 머리를 다시 말랑말랑하게 만드는 일은 어려운 일이다. 시대를 읽고 변화를 감지하기 위해서라도 공부를 게을리하지 말아야 하는 것은 맞지만 요즘엔 뒤돌면 까먹고 어려운 이야기를 들으면 두통이 온다. 열정만큼 몸이 따라주지 않는다. EBS 다큐프라임에서 〈예술의 쓸모〉 3부작을 봤다. 생전 춤을 춰본 적이 없는 50플러스 사람들에게 현대 무용가가 춤을 가르치면서 제안한다.

"온몸으로 마음껏 내 이름을 써보세요."

나도 따라 해봤다. 누가 보면 미쳤나 싶은 몸짓이지만 재미있었다! 쉽고 재미있게 춤을 따라 춰보는 사람 중에서 깊이 있는 춤의 세계에 빠져보고 싶어 하는 사람들이 생길지도 모른다. 고래책방 김선희 대표가 문화 예술 강연을 계속해오는 이유를 설명했던 말이 떠올랐다.

"어느 날 누군가가 듣고 아름다움에 눈뜨는 운명적인 계기가 될까 해서예요. 큐피드의 화살이 쏟아지듯이."

예술 창작 분야에서도 운명적인 큐피드 화살이 될 수 있는 프로그램이 마련된다면 더 많은 사람이 유연하고 열린 사고로 예술을 즐기게 될 것이다. 김래현 대표는 강릉이 스위스의 바젤 같은 도시가 되었으면 좋겠다고 했다. 바젤은 문화의 도시이자 예술의 메카로 사랑받고 있는 도시다. 갈 길이 멀겠지만 강릉만큼 문화적 잠재력을 많이 가진 도시도 없다. 강릉은 이미 2021년 1월 문화도시로 지정되었다. 아트 강릉이 열리는 날을 앞당길 수 있는 유일한 힘은 강릉의 문화 예술을 진심으로 사랑하는 사람들에게 있다.

설렌다면 떠나 보자

나이가 들면 자연스럽게 문화 예술 쪽으로 눈과 마음이 열린다고 한다. 시니어 르네상스 시대가 열렸다고도 한다. 신중년의 문화 소비율이 젊은 세대를 앞지르고 있다. 르네상스라는 말은 '재생'과 '부활'이라는 의미를 담고 있다. 원래의 용도를 변경해 새롭게 재탄생하는 것이 바로 업사이클링, '새' 활용이다. 그 뜻이 신중년에 찰떡같이 어울린다고 생각했다. 허물을 벗고 다시 한번 가치 있어지는 것이다.

르네상스는 개성, 합리성, 욕망을 추구한다는데 강릉에서 만난 사람들과도 겹친다. 아름다움과 문인들을 사랑하는 곳, 술맛 깊고 커피 향 가득한 곳, 유네스코 무형문화유산인 '강릉단오제'가 열리는 곳. 강릉에서 과거와 현재, 미래를 잇는 문화 예술이 꽃피웠으면 좋겠다.

오래오래 기억될 여행이라 직감하게 되는 것은 "그래, 오길 잘했어!"라고 말하게 되는 순간인 것 같다. 이 여행을 돌아보니 그런 순간 이 정말 많았다. 여행길에서 만난 사람들에게서 깨달음을 얻었고, 함 께 떠난 사람들과는 오래간만에 신나게 많이도 웃었다. 나에게 이번 여행이 인생 2막, 노마드 삶을 여는 시험 여행이 되었을까. 팬데믹도 막지 못한 은퇴 노마드 캠벨 부부는 말한다.

"우리는 아직도 목마른, 호기심 많은 평생 학생입니다. 결승선에 도착 하기 전까지는 세상을 최대한 많이 두루두루 보려 해요."

그리고 자기들을 부러워하는 사람들에게 이 말을 꼭 해주고 싶단 다. 나이 탓하며 좁은 세상에 갇히지 말라고. 하고 싶은 것이 있는데 도 할 수 없는 이유 수십 가지를 만들어 피하지 말고 도전해 보라고. 그냥 한 가지 강력한 이유를 만들어 보자. 설렌다는 이유 하나만으로 도 오늘 당장 떠날 수 있다. 세상은 언제나 같은 자리에서 기다린다.

신동춘

나이 오십에 인생을 재부팅. 하고 싶은 일을 하겠다고 다짐했지만 하기 싫은 일만 생각났다. 호기심을 동원했다. 사물에 대한 호기심은 세상에 대한 관심과 공부로 이어졌고, 사람에 대한 호기심은 겸손과 배려를 안겨 주었다. 뒤돌아보니 꼬불꼬불 나만의 길이 생겼다. 문화 해설사, 50플러스 컨설턴트, 스토리텔러가 되었다.

강릉에서 맡은 자유인의 냄새

서늘함의 무게

대학 1학년 여름방학, 무더위가 한창이던 7월 어느 날, 영화 〈바보들의 행진〉에서 본 동해의 그 파란 바다가 보고 싶어졌다. 난생처음 나 홀로 배낭여행을 떠났다. 대관령에서 내려다본 동해 바다는 생각보다 멀리 있는 듯 아득했지만 내 심장은 요동쳤다. 감동에 젖은 것도 잠시, 갑자기 마음이 서늘해졌다.

굽이굽이 산길을 돌아 내려가며 푹신푹신한 느낌의 숲 사이로 언뜻 보이는 낭떠러지에 감탄하고 오금을 저리기도 하다 보니 버스는 시내로 들어섰다. 터미널에서 다시 버스를 갈아타고 경포대 해수욕장으로 달려갔다. 또래 강릉 청년을 만나 술자리에 끼기도 하면서 낯선 이들과 스스럼없이 어울렸다. 기분 좋은 강릉과의 첫 만남이었다.

돈이 떨어졌어도 구경을 포기할 수 없어 점심을 거르고 올라탄 양구행 버스 안에서 내게 삶은 달걀을 건네준 옆자리 아저씨, 그 두툼한 손이 아직도 기억에 선명하다.

겨울방학이 되었다. 서클에서 강릉으로 엠티를 떠났다. 경포대 송림에 있는 여관에서 묵었다. 서클 선배 집안에서 하는 여관이었다. 여름의 열기가 사라진 겨울 바다는 황량했지만 마음은 외려 포근해졌다. 대학 시절 내내 겨울에는 경포대로 엠티를 갔다.

입대해서 자대 배치를 받은 곳도 강릉이었다. 이리하여 강릉은 내이십 대의 상당 부분을 차지하게 되었다. 휴가를 마치고 귀대할 때 마지막 휴게소인 대관령휴게소에서 강릉 시내와 동해를 바라보면 마음한구석이 서늘해지곤 했다.

그 서늘했던 감정은 40여 년의 세월이 흘렀어도 생생하다. 무엇이아쉽고, 무엇 때문에 화가 났고, 무엇에 힘들어 했었는지 그 이유는희미하게 지워졌지만, 대관령휴게소를 지나칠 때마다 그 서늘했던 감정이 떠올랐다. 어느 날엔가는 어머니를 여읜 아이의 처연한 얼굴이보이는 듯했다. 신사임당이 세상을 떠나자 율곡은 금강산으로 입산했는데 혹시 이 길을 그리워하지 않았을까 상상하기도 했다. 결혼하고아이들이 자라면서 해마다 강릉부터 설악산까지 동해안을 따라 질주하며 서늘했던 마음도 서서히 사라지는 듯했다.

몇 해 전 늦가을 오랜만에 들른 대관령휴게소, 뒤돌아 동해를 바라보던 한가한 마음도 잠시, 이십 대 때 느꼈던 서늘했던 감정이 떠올랐다. 한동안 내 삶의 균형추 역할을 했던 그 감정은 바로 자유에 대한 갈망이었다. 지천명을 지나, 이순을 훌쩍 넘기니 그 서늘했던 감각이 그립기까지 하다. 가슴이 뜨거웠기 때문에 머리로 느끼는 감각이 서늘한 것이 아니었을까. '머리는 차게, 가슴은 뜨겁게.'라는 말을 가슴에 담고 살았던 시절이 언제였나 싶게 나이가 들어갈수록 머리는 뜨거워지고 가슴은 차갑게 식은 느낌이 들 때가 있어 씁쓸하곤 했다.

강릉 여행을 준비하면서 가장 먼저 떠오른 단어는 이십 대에 느꼈던 '서늘함'이었다. 세월의 흐름에 따라 변할 수 있는 '서늘함'의 무게에 대해 생각했다. 뺨을 스치는 차가운 공기 속에서, 혹은 무언가 답답한 기분이 들 때 서늘한 기운을 느꼈는데, 그것이 냄새인 양 생각되기도 했다. 때로는 코끝이 찡하기도 했다. 서늘함이 풍기는 냄새, 무언가 코끝을 싸하게 만들면서 때로는 순식간에 폐부 깊숙이 들어가 혈류를 따라 온몸을 휘감는 느낌의 그 냄새, 분명 나를 일깨우고 뜨거운 기운을 뿜어내게 만든 힘이다. 이십 대에 느낀 '그 냄새', '그 무게'가 내 가슴을 뛰게 한다.

열화당에 울려 퍼진 파이프오르간 소리

선교장(船橋莊)은 효령대군의 11대손인 이내번(李乃蕃, 1703~1781)이 지금의 강릉시 운정동 경포호숫가에 터를 잡은 이래, 대대로 후손들이 거처하고 있는 120여 칸 규모의 고택(古宅)으로, 국가민속문화재이다. 건넛마을에 가려면 배다리를 놓고 건너야 했다고 한데서 선교장이라는 이름이 유래되었다. 조선 시대 왕실을 제외하고는 대궐 밖에서 가장 큰 집이었다고 한다.

선교장에 들어서자 고택을 아늑하게 감싸고 있는 소나무 숲이 눈에 들어왔다. 갈색의 가냘픈 꽃대가 가을 햇살에 힘겨운 듯 한가로운 연못과 활래정을 돌아, '선교유거(仙嶠幽居)'라는 편액이 걸린 솟을대문 앞에 섰다. '신선이 사는 그윽한 집'이라는 뜻이다. 잠시 신선이 되어, 300년 고택을 유유자적 거닐었다. 닳아서 활 모양으로 패인 모습의 대문 문지방에서 걸음 소리, 뛰어가다 부딪쳐 넘어지는 광경이 들리는 듯, 보이는 듯했다.

열화당(悅話堂)은 선교장의 큰 사랑채로 시인, 묵객들을 맞이하던 공간이기도 했다. 이곳 열화당에서 매주 수요일 수요음악산책 프로그램이 진행된다. 연주를 듣기 위해 찾아온 사람들이 벌써 행랑채 툇마루에 빼곡하게 자리를 차지하고 앉아서 연주를 기다리고 있었다. 열화당 수요음악산책에서 파이프오르간 연주자로 나선 한지윤 씨는 선교장 집의 며느리로 선교장 문화예술국장이기도 하다.

바흐의 〈토카타 라단조〉 연주로 음악회가 시작되었다. 바흐가 유럽에서 한창 활동하던 시기였던 1700년대에 이곳 선교장도 지어졌다. 시공을 초월해서 300년 후에 바흐의 음악과 선교장이라는 공간이 만나게 되었다고 생각하니 말로 표현할 수 없는 뭉클함이 밀려왔다.

고택을 아늑하게 감싸고 있는 선교장 뒷편의 소나무 숲.

　파이프오르간 소리는 초등학교 시절 음악시간에 들었던 풍금 소리
와 닮은 듯 달랐다. 훨씬 묵직하면서도 커다란 울림을 주었다. 시월
의 강릉 하늘과 잘 어울렸던 〈시월의 어느 멋진 날에〉가 연주될 때
에는 청중들이 숨을 죽이며 낮은 목소리로 웅얼웅얼 노래를 따라부
르기도 했다.

　'왈츠의 아버지'라는 별명을 가진 요한 슈트라우스 1세의 〈라데츠
키행진곡〉이 흘러나오자 청중들의 분위기는 한껏 달아올랐다. 박자
에 맞춰 힘차게 박수를 치며 호응했다.

시월 어느 멋진 날, 열화당 맞은 편 행랑채에 앉아 연주를 감상하고 있는 청중들.

"이 곡을 연주할 때 처음에는 씩씩하게 박수를 쳐주시는데 오늘처럼
연주가 끝날 때까지 박수를 쳐주신 경우는 처음이에요."

연주곡 한 곡, 한 곡마다 해설을 해주던 한지윤 국장은 청중들에게
특별한 감사의 인사를 전했다. 따스한 가을 햇볕 아래의 오래된 한
옥과 그 공간을 채운 오르간 선율에 관객들은 연신 '브라보, 브라바'
를 외쳤다.

준비된 4곡의 연주가 모두 끝났고 앵콜 곡으로 2곡을 더 연주했지
만 청중들은 여전히 자리에서 일어서지 않았다. 청중들의 호응에 한
국장도 싫지 않은 표정이었다. 정말 마지막 곡이라고 강조하며 〈그리
운 금강산〉을 연주하려고 할 때는 미처 악보가 준비되어 있지 않아 안

조선 시대 대궐 밖에서 가장 큰 집

선교장(船橋莊)
효령대군 11대손인 이내번(李乃蕃,1703~1781)이 강릉시 운정동 경포호숫가에 터를 잡은 이래, 대대로 후손들이 거처하고 있는 120여 칸 규모의 고택(古宅)으로, 국가민속문화재이다. 건넛마을에 가려면 배다리를 놓고 건너야 했다고 한데서 선교장 이름이 유래되었다.

열화당(悅話堂)
1815년(순조 15)에 이내번의 손자 이후(李后)가 건립한 선교장의 큰 사랑채로, 특이하게도 건물의 전면부에 동판(銅板)을 너와처럼 이은 차양(遮陽)시설을 두어 햇빛을 막을 수 있도록 하였는데 이는 러시아식의 건축물로 개화기 때 러시아영사가 머무른 답례로 지어준 것이라 한다. 세벌대 높은 댓돌 위에 세워져 있는 열화당은 정면 4칸, 측면 3칸의 'ㅡ'자형 구조이며 팔작지붕에 홑처마 겹집 구조를 이룬다.

쪽으로 들어가 악보를 가지고 나와야 했다. 악보를 가지러 들어간 그 짧은 정적마저도 음악의 일부로 느껴질 정도로 완벽한 공연이었다.

짧은 공연을 마치고 난 후 한지윤 국장과 조금 더 자세한 이야기를 나누기 위해서 열화당으로 직접 올라갔다. 높다란 기단 위 나무 계단을 오르며 이내번의 과객이 된 것 같은 상상을 했다. 광택이 나는 툇마루에서 그동안 이곳을 스쳐 갔을 많은 과객을 생각했다. 선비의 사랑채에 놓인 파이프오르간이라니. 어색할 것 같았지만 너무나 자연스럽게 그 공간과 어울렸다. 오르간 좌우의 반짝이는 원통 파이프와 마루의 광택이 묘하게 조화를 이루었다. 멀리 동해 바다의 내음이 느껴졌다.

서울에서 나고 자란 그녀는 서울 안국동의 안동교회에서 오르간을 연주하다가 남편을 만났다. 남편이 선교장 아들이라고 해서 무심코 부모님이 무슨 선교센터를 하는 줄 알았단다.

결혼을 하고 3년쯤 지났을 때 고민 끝에 대학 강의와 오르가니스트로서의 삶을 포기하고 강릉으로 내려왔다. 선교장의 역사를 공부하고 전통을 계승하는 방법을 궁리한 끝에, 고풍스러운 한옥에 파이프 오르간을 설치하고 연주 프로그램을 만들었다. 연주자를 섭외하고 첫 공연을 하기까지의 우여곡절을 들을 수 있었다.

선교장은 대대로 과객을 잘 모시고, 흉년에는 곳간을 열어 백성을 구휼하였으며 독립운동을 지원하는 등 '노블리스 오블리주'를 실천하는 전통이 있었다. 하지만 선대부터 내려온 아름다운 전통이 일제강점기와 한국전쟁을 겪으면서 그 맥이 끊겼다. 그리고 이제는 과거처럼 먹고 입는 것보다는 문화 예술 분야에서의 허기를 채우는 것이 더 중요한 시대로 바뀌었다.

이런 시대의 변화 속에서 전통을 어떻게 이어갈지 고민한 끝에 자신이 잘할 수 있는 오르간 연주를 생각하게 되었다는 말에 운명의 대물림이 떠올랐다. 시할머니는 관동지방 복식을 체계적으로 정리하였는데 그 손주며느리는 이렇게 음악을 통해 전통을 이어가고 있으니 말이다.

선교장의 며느리이자 오르가니스트인 한지윤 선교장 문화예술국장이 연주곡에 대해서 소개하고 있다.

한지윤 국장은 강릉이 지닌 천혜의 자연 경관뿐만 아니라 높은 문화적 욕구가 맘에 들었다고 한다. 음악, 미술 등 문화 예술 활동이 매우 활발한데 특히 음악의 경우도 서울의 '예술의 전당' 무대에 올릴만한 연주를 요구할 만큼 청중들의 수준이 높단다. 따라서 욕구에 걸맞은 프로그램을 기획하고 기량 있는 연주자를 모시는 일에 신경을 많이 쓸 수밖에 없다. 그런 생각들은 문화재청에서 하는 고택 지원 사업을 신청하고 선교장 이름이 유래된 배다리를 재현한 체험 키트를 개발하는 데까지 이어졌다.

한 국장은 종갓집 며느리의 삶과 올해 여섯 살 난 아이 둔 엄마의 경험을 곁들이며 강릉 생활을 들려주었다. 여기 사람들이 외지인에게 배타적이라고 자칫 오해할 수 있는데, 서울에서, 대도시에서 살았다고 그곳의 인프라와 비교해서 강릉을 우습게 보는 시각만 버린다면 전혀 그렇지 않단다.

젊은 예술가에게 무대에 설 기회를 주고 성장을 지원하는 '청춘마이크' 심사위원으로 활동하면서 강릉이 얼마나 예술가들에게 열린 도시이며, 잠재력이 큰 도시인지 새롭게 깨달았다고 말한다.

자신만의 색깔로 전통을 새롭게 이어가는 그녀에게서 '그대 만나려고 물 너머로 연밥을 던졌더니'라고 노래한 허난설헌의 당찬 구석이 보이는 듯했다. 한 국장은 선교장 내에서 가장 자주 찾는 곳으로 안채 별당인 '연지당'을 꼽았다. 남녀의 공간이 물리적으로 구분된 전통 한옥에서는 시대가 바뀌었어도 여성이 좋아하는 공간은 변함이 없구나 하는 생각이 들었다.

강릉의 해변에 대해서도 이야기를 나누었다. 가장 좋아하는 강릉의 해변에 대해서 물었더니 "강릉 해변은 어느 곳이나 매력적이고 아름답지만 그래도 가장 즐겨 찾는 곳은 영진해변."이라고 말했다. 짧은 순간이지만 깊은 공감을 느꼈다. 나도 영진해변이 가장 좋았다.

'자유인'의 책고(册庫)에서 한 손 거들다

강릉원주대에서 지역 스토리를 활용한 브랜드 창업 강의를 하는 네트피아 유선기 대표를 만난 곳은 구정면에 있는 그의 고향 집 사랑채

가을 분위기가 물씬 나는 허균·허난설헌기념공원 생가터 앞 모습.

였다. 대학원에서 허균을 전공한 유 대표는 허균·허난설헌 선양 사업에도 앞장서고 있다. 일행보다 늦게 도착한 나는 이미 한껏 달아오른 대화에 끼어들 틈을 찾으며 조용히 지켜보았다. 허난설헌을 포함한 허씨 오부자 사연부터 '홍길동전'과 '호민론'에 담긴 사상까지 이야기는 거침없이 이어졌다.

허균은 태생부터 금수저였다. 아버지 허엽은 부제학, 경상도 관찰사를 지낸 동인의 영수였고, 청백리로 기록되었다. 큰형 허성은 이조판서를 지냈고 서른여덟에 죽은 작은형 허봉은 창원 부사를 지냈다.

허균과 허난설헌에게 시를 가르쳤던 스승 이달은, 아버지가 대제학을 지낸 명문의 자손이었지만 기생 출신 어머니로 인해 금수저가 될 뻔한 흙수저였다. 출중한 실력을 갖추었음에도 서얼이란 신분의 한계

속에 비운의 삶을 살았다. 이달은 아버지 허엽과 남다른 교분이 있었고 둘째 형 허봉과는 막역한 친구였다. 허균은 스승에게서 시뿐만 아니라 삶의 자세와 세상의 이치에 이르기까지 폭넓게 배웠다. 개방적이고 사고가 자유로운 가풍과 스승의 영향 때문이었을까, 사람을 사귈 때 신분과 나이를 따지지 않았다. 자신은 금수저였지만 흙수저 친구와 어울릴 때가 더 편했다. 재주가 있음에도 출신의 한계로 이상을 펼치지 못하는 벗들의 처지, 넓은 세상의 변화를 감지하지 못한 좁은 땅덩어리 안의 답답함, 끓어 넘치는 자유로운 사상은 세상을 바꾸고 싶은 마음을 갖게 할 수밖에 없었으리라.

결국 이단의 사상을 품고 반역을 꾀한 죄로 능지처참을 받아 죽었다. 홍길동을 내세워 이상 세계를 꿈꿨던 허균이 죽음 앞에서도 의연

허균의 '호민론'과 '호서장서각(湖墅藏書閣)'

허균은 민중을 순종하며 부림을 당하는 백성인 항민(恒民), 수탈당하여 원망하지만 행동으로 나서지 못하는 백성인 원민(怨民)과 부조리에 도전하고 사회를 개혁하고자 하는 호민(豪民)으로 구분하였다. 허균은 '호민론'에서 천하에 가장 두려운 존재는 오직 백성뿐이라며, 백성이 주인인 이상국가의 꿈을 '홍길동전'을 통하여 표현하였다.

호서장서각(湖墅藏書閣)은 허균이 강릉 고향집 별채에 만든 서재의 이름으로 중국으로 가는 사신 일행에게 부탁하여 귀중한 서적을 수집하여 선비들이 빌려 읽을 수 있게 하였다. 그는 평소 '벼슬을 그만두고 고향으로 내려가 만권 서책의 좀벌레가 되고 싶다.'고 노래하였다.

허균을 벗삼아 그를 연구하고 있다는 유선기 씨(오른쪽에서 두 번째). 맨 오른쪽이 필자.

히 외친 것은 "할 말이 있다."였다. 400년 전으로 돌아간 느낌에 목덜미가 서늘했다. 내게 각인되었던 금수저 이상주의자 허균이 아닌, 행동주의자 허균을 보고 나서야 대화에 끼어들었다.

허균의 생각, 허균의 목소리가 유 대표를 통해 마구 튀어나오는 듯했다. 내 마음을 읽었는지 허균의 〈대힐자(對詰者:나를 나무라는 자에게)〉를 소개하면서 허균으로 인해 사람됨을 배우게 되었고 사람 중심의 생각을 발전시키겠다고 말한다. 이야기는 요즘 전 세계에 돌풍을 일으킨 〈오징어 게임〉을 넘어 문화 유전자까지 확대되었다. 400여 년 전 허균 남매가 지녔던 혁신의 아이덴티티가 이제 다시 살아나 강릉을 철없는 영혼의 핫플레이스로 재탄생시킬 것이라는 데까지 이어졌다.

자유인. 자유분방한 기질의 행동주의자 허균을 친구로 삼은 유 대표와 이야기를 나누며 자연스럽게 연상된 이미지이다. 허균이 자신을 포함한 네 벗을 소개한 사우재기(四友齋記)를 따라 자신의 사랑채 이름을 사우재로 짓고 세 벗을 청했다.

　허균이 벗으로 삼고자 한 친구는 도연명, 이태백과 소동파로, 모두 뛰어난 문재(文才)를 지녔으며 속박받지 않는 삶을 추구했다는 공통점이 있다. 유 대표가 벗으로 청한 이는 허균, 신영복, 간디라는데 이들 모두 영어(囹圄)의 세월을 보낸 적이 있었다. 자유에 대한 갈망이 얼마나 깊었을까 상상하니 시공을 초월해 같은 공간에 함께 있는 것처럼 느껴졌다. 어긋난 이상의 추억이 있는 자유인 이야기는 재미있는 상상을 불러일으켜, 나도 자유인이 되었다.

　떠나기 전 책 몇 꾸러미씩을 옮겨달라고 청한다. 집 옆 비닐하우스에는 셀 수 없이 많은 책이 어지러이 쌓여있는데, 족히 수만 권은 되어 보였다. 단골 고서점 폐업 소식에 열 컨테이너 분량의 책을 인수해 쌓아 놓은 것이다. 허균의 호서장서각을 재현하겠다는 말이 실감이 되었다. 유 대표의 부탁 아닌 부탁에 책 꾸러미를 하나씩 들고 미리 바닥을 잘 정비해둔 옆의 비닐하우스로 옮겼다. 시간 날 때마다 책을 옮기고 분류하고 정리하고 있단다. 오는 손님들에게 통과의례처럼 청하는 일이라는데 생각할수록 그 일의 시작과 끝이 재미있게 그려진다.

자유인으로 이끄는 냄새

　유명세 덕분에 뒤늦게 보게 된 드라마 〈도깨비〉는 내게 시공간을 넘는 기억의 연결을 연상시켰다. 드라마를 처음부터 끝까지 본 것이 아니라, 순서도 뒤죽박죽에 띄엄띄엄 보다가 장면을 연결시켜 내 나름의 스토리로 받아들였기 때문이다. 드라마 〈도깨비〉 촬영 장소라고 적힌 표지판이 있는 영진해변 한가운데, 앞으로 뻗어 나간 돌출부에는 출입금지 띠가 둘러쳐 있음에도 호기로운 관광객들은 '인생샷'에 대한 욕망으로 그 선을 넘어갔다. 그들을 보면서 그 시절 나의 욕망이었을 만한 것들을 꺼내 보았다. 유난히 파도가 거셌다. 거세게 다가온 파도는 뭍의 엄숙한 기운에 바로 거품이 되어 사그라들지만, 끊임없이 씩씩하게 돌진하였다.

　철썩, 처얼~썩, 철썩.

　마음이 차분히 가라앉으며 서늘한 기운이 몸 전체를 뒤덮었다. 파도 소리는 까맣게 잊어버린 꿈을 기억해내고 싶은 내 마음을 대신해 쉴 새 없이 머리를 두드리고 심장을 점점 요동치게 만드는 것 같았다. 눈으로, 귀로, 코로, 마음으로 느끼는 이 감동이 바로 사라진다 해도 기억은 다시 나를 흔들 것이다.

　누구는 찾아가고, 누구는 떠나고, 적당히 번잡하고 때로는 고즈넉

드라마 〈도깨비〉의 무대가 되었던 영진 해변.거침 없는 파도소리를 들으며 잠시 상념에 잠겼다.

한 그런 도시에서의 삶을 그려보았다. 해변에 둘러진 '금지'의 띠는 자유로운 영혼을 꿈꾸는 나를 제어하는 내 마음속에 그어진 선이란 생각이 들었다. 나는 이곳에서 무엇을 어떻게 할 수 있을까. 저 선을 어느 정도까지 넘어갈 수 있을까.

고등학교 시절 교훈에 쓰여 있던 '자유인'이란 단어가 맘에 들었다. 괜히 내가 조금 더 성숙해진 느낌이 들었다. 그 말이 가진 무게는 생각조차 못했지만 나이가 들면 자연스럽게 자유인이 될 거라고 여겼다. 하지만 어른이 되었어도 진정한 자유인은 되지 못했다. 오랫동안 잊고 있었던 '자유인', 이제 다시 그 꿈을 꾼다.

강릉의 겉모습은 많이 변했다. 삼십여 년의 시차가 있으니 당연하겠지만 변화가 그다지 낯설지 않았다. 워낙 변화의 속도가 빠른 세상에 적응해 온 삶 덕분일까. 강릉에서 무언가 익숙하면서도 잊고 있었던 나의 감각을 일깨우는 냄새를 맡았기 때문일지도 모른다.

코 끝을 간질거리는 느낌에 코를 벌름대며 냄새를 맡는다. 느낌은 있지만 어떤 냄새인지 가늠이 안 된다. 맞다. 현실의 냄새가 아닌, 꿈에서 맡은 냄새다. 익숙한 듯 익숙하지 않은 듯, 애매하면서도 무한한 상상력을 발휘하게 하는 그런 냄새를 맡았다. 강릉의 냄새, 그곳에서 들리는 소리, 눈 감으면 떠오르는 아지랑이 같은 꿈들이 느껴지고 들리고 보인다.

처음 대관령에서 느낀 서늘함은 이제 냄새가 되어 나를 자극시킨다. 영진해변의 거침없던 파도 소리는 대관령 숲에서 불어오는 바람이 되었다가 자유로운 영혼의 냄새로 변했다. 나의 이십 대, 어깨 위의 땀방울이 소금처럼 빛났던 그 시절보다 지금이 더 소중해졌다. '강릉에서 살아보기', 철없는 나를 찾았으니 상상 그 이상이다.

지영진

총명하고 착한 딸에서 아내, 며느리, 엄마라는 과정을 겪으며 틀에서 벗어나지 않는 인생을 살아내느라 버거웠다. 이제 분연히 자아를 찾아 하고 싶은 것만 하고 살며 한편으로는 주위를 돌아보는 사람이 되고 싶다. 배운 것, 가진 것 비록 많지 않아도 나누고 살고 싶다. 하고 싶은 것 대충하면서 '이 구역의 미친 자'는 나라고 외치며 재밌게 살고 싶다.

투박하지만 속 깊은 강릉을 느끼다

시골에서 살 수 있을까

서울에서 태어나 서울에서만 살아왔다. 외국에 나갈 때는 주저하지 않고 용감하게 짐을 쌌지만 오히려 한국에서는 서울이 아닌 곳에 사는 것에 겁을 먹었다. 서울이 아닌 곳, 지방에서 산다는 것이 지리적, 문화적으로 소외되는 것이 아닐까 생각했다.

진주 출신 남자와 결혼하고 명절 때 진주 시댁을 내려가면서 중소도시를 경험하기 시작했다. 진주는 산과 바다가 가깝고 풍광이 수려하며 무엇보다 예향이라는 자부심이 대단한 곳이다. 장을 볼 때마다 만나는 싸고 신선한 농산물과 해산물에서 소소한 기쁨을 느낄 수 있었다. 시장에 가면 삼천포에서 온 신선한 해산물이 그득했고, 할머니들은 직접 재배한 야채를 싸게 팔고 있었다.

진주에서 한 시간이면 남해 바다도 가고 지리산도 갈 수 있다. 시댁은 만만찮은 곳이었지만 풍광과 물가는 마음에 들었다. 동네 허름한 일식집에서 몇천 원 짜리 정식을 시켜도 반찬을 가득 차려주어 놀랐다. 이런 게 작은 도시의 매력일 거라는 생각을 어설프게 하기 시작했다.

　네댓 해 전 홍천에서 8개월간 머물 기회가 있었다. 처음으로 남편, 아이와 헤어져서 지낸 시간이었는데 생각보다 외롭지는 않았다. 가족 대신 자연이 있었고, 자유가 있었다. 농촌으로의 이주가 그리 어려운 남의 일만은 아니라고 생각했다. 홍천귀농귀촌센터에서 머물며 농사도 배우고 농장 탐방도 하면서 다양한 경험을 할 수 있었다. 나는 주로 아침, 저녁으로 산책을 하며 지냈다. 아파트촌이 아닌 산길을 걷는 것은 새로운 경험이었다. 나이가 들면 이런 시골에서 살 수도 있을 거라는 생각이 들었다.

　두어 해 전에는 남원 살이를 경험하고 글을 쓰면서 남원에 대한 공부도 했다. 남원은 지리산이 가깝고 춘향전과 동편제, 그리고 《혼불》이 있는 문화 도시였다. 비오는 날 실상사에도 가보고 김병종미술관도 가보았다. 실상사 도법스님에게서 설법을 듣고 미술관에서 도슨트의 설명을 들으며 문화적으로 서울보다 뒤떨어진 곳일 거라는 생각이 잘못된 것이었음을 알게 되었다. 남원에서는 많은 이들이 판소리를 배운다고 했다. 남원에서 살게 된다면 판소리를 꼭 한 번 배워보리라 생각했다.

신여성이 되고 싶었으나 되지 못하고 남편과 딸의 조력자로 살아왔다. 자녀가 성인이 되면서 내 역할은 나날이 줄어들고 있다. 남편의 은퇴를 앞두고는 마치 내가 은퇴하는 것처럼 우울하다. 많은 날들을 그저 아파트에 갇혀 단조로운 일상을 살고 있다.

홍천에 살 때 아침, 저녁으로 산책하던 시간이 그립다. 싸늘한 새벽 공기 속에서 걷고 밤하늘의 별과 함께 걸었었는데. 그저 아무 생각없이 걷기도 했고, 맑은 공기에 감탄하면서 걷기도 했다. 산책은 이렇게 산과 들이 있는 곳에서 하는 것이라고 생각했다. 가로등도 없는 깜깜한 시골길은 밤하늘의 별들이 밝혀주었다. 이번 강릉 여행도 깜깜한 밤 산책에서부터 시작했다.

달빛 아래에서 바람 소리를 듣다

캄캄한 밤길을 걸어 도착한 곳에서 우리는 모두 누워 바람 소리를 듣기 시작했다. 밤에 숲을 걸어볼 기회를 갖다니. 그것도 동네의 작은 숲이 아닌 국립대관령치유의숲을. '대관령숲 별이 빛나는 밤에' 프로그램 참여는 이번 여행의 하이라이트, 아니 '다크라이트'였다고 할까. 갑자기 닥친 한파 때문에 엄청 추울 줄 알았지만 생각보다 숲은 덜 추웠다. 치유의숲에서 준비한 담요를 덮고 누우니 포근하기까지 했다. 누워서 바람 소리에 집중했고 달빛과 별빛을 즐겼다. 나뭇가지

국립대관령치유의숲 야간 산책길에 사용되는 초롱불(왼쪽)과 대관령 숲에 뜬 달(오른쪽).

에 걸쳐 있는 달은 무섭다. 어릴 때 TV에서 보던 〈전설의 고향〉이 생각나면서 이 숲 어딘가에 구미호가 살고 있을 것만 같았다. 밤의 숲은 낯설지만 막상 느껴보니 좋다. 밤에 깊은 숲속에 누워 바람 소리를 들으니 신선했다.

숲 너머 선자령에는 풍력 발전기가 돌아간다고 했다. 눈을 감고 누우니 발전기 날개 돌아가는 소리가 들리는 것 같았고 그 바람이 여기까지 날아오는 것만 같았다. 돌아오는 길은 침묵하며 걷기로 했다. 밤 숲길은 다 큰 어른에게도 조금 무서웠다. 무서워서 떠들며 갔던 길을 조용히 내려오려니 더 무서웠다. 귀신들이 함께하지 않을까 하는 객쩍은 생각을 하며 그래도 안으로 침잠하는 시간에 감사하며 천천히 내려왔다.

많은 사람이 함께 걸었지만 묵언 수행하는 스님들처럼 혼자서 가만

국립대관령치유의숲 '별이 빛나는 밤에'

장소 : 국립대관령치유의숲
운영 일정 : 7~9월
대상 : 가족 및 일반인
주요 내용 : 야간 숲 명상, 오감 열고 숲길 걷기, 별밤 차 테라피, 별 헤는 밤 등
기대 효과 : 이색적인 피서 활동

히 걸으며 내려왔다. 20대에 송광사에 가서 묵언 수행을 하면서 밤길을 걸었던 생각이 났다. 그때의 나는 대단한 인생을 살아 나갈 것만 같았는데. 여행은 이렇게 고요하게 시작했다.

낮에는 강릉 바우길을 걸었다. 강릉에 여러 번 왔지만 바다를 구경하거나 수영을 했지 오래 걸어본 적은 없었다. 강릉스럽게 한 손에 커피를 들고 한편으로 바다를, 다른 한편으로는 솔숲을 끼고 걸었다. 바다를 끼고 한참을 걷다보니 경포 생태습지를 지나 허균·허난설헌기념공원에 닿았다. 여행지에서는 대부분 자동차를 타고 다닌다. 차를 타고 휙 지나가면서 얼마나 많은 것들을 보고 즐길 수 있었을까. 바닷길을 걸으니 좋다. 보헤미안커피의 박이추 선생이 말한 것처럼 '인생을 바꿔줄 커피'를 들고 걷고 또 걸으며 새로운 여행을 경험한다. 앞으로는 여행지에서 없는 시간이라도 쪼개 열심히 걸어보리라 다짐한다.

허균·허난설헌기념공원 솔숲에서 우리는 매트를 깔고 누워 하늘을 보고 새소리도 듣는다. 강릉에 오니 수시로 눕혀주고 하늘을 보라하

고 새소리, 바람 소리를 들으라 하니 좋다. 휙 보고 스쳐 지나가는 여행이 아니라 걸어보고 누워보는 여행이라 색다르고 신선하다. 걸으면서 친구도 사귀고, 걸으면서 새로운 여행지에 정도 붙었다.

단오제, 강릉 사람들이 전하는 마음의 위로

비가 내리고 우박이 쏟아지더니 결국 무지개가 떠오른다. 남대천변에 조성된 주차장에서 매년 단오제가 열린다. 평소 주차된 차량들로 꽉 찬 곳이지만 시에서 작은 종이 한 장 붙이면 이 많은 차량들이 하루아침에 다른 곳으로 모두 사라지고 굿판과 난전이 열린다고 한다. 단오제가 시작되면 온 강릉 사람들이 다 모여서 몇 날 며칠을 쉬지 않고 논다. 아이들은 서커스에 열광하고 어머니들은 이불을(바꾸는 풍습에 따라 새로) 산다. 강릉 단오제는 오래전부터 강릉 사람들의 마음을 달래주었던 축제다. 김동찬 단오제위원장은 옛날 이야기 하듯 단오제 이야기를 들려주었다.

"단오제의 특징은 제의와 놀이의 결합입니다. 제의를 통해서 신을 섬기지만 동시에 놀이를 통해서 인간의 억압을 풀어내죠. 그 경험이 할아버지에서 아버지를 통해 아들까지 이어집니다. 그것이 결국 전통을 넘어 21세기의 새로운 문화가 될 수 있습니다."

비가 오고 우박이 내리더니 강릉 남대천의 옛 철교 위로 무지개가 떴다. 남대천변 주차장에서 단오제가 열린다.

강릉은 지리적으로 고립된 곳이다. 큰 산과 바다로 막혀 있는 곳, 중앙 정부로부터 아주 먼 곳. 그러한 지역적 고립에서 오는 엄청난 단결력이 있다. 외지인에게 배타적인 느낌을 주기도 하지만 그 덕에 고유의 문화를 잘 지켜냈다.

단오제는 서민들의 축제다. 계급이나 신분, 나이, 성별을 떠나서 여러 날 동안 약간의 일탈을 즐긴다. 그 옛날 공동체적 삶에서 기원한 단결력이 작동한다. 강릉 시민들이 돈과 쌀을 내놓아 술을 빚고 떡을 만든다. 그렇게 만든 떡을 단오제에 참가하는 이들과 함께 나눈다. 관(官)이 강요하지 않은 자연스러운 나눔이다. 부모님이 그리 하셨으므로 나도 그리 한다는. 강릉의 단오제는 3대가 함께 즐기는 축제다.

강릉단오제 영신행차 행렬도를 그린 명주동 골목의 벽화.

　난장에서 미디어 아트로 그 표현 방법은 달라졌지만 축제는 영속한
다. 이제 축제는 온라인으로까지 들어왔다. 강릉 사람들의 열린 마음
이 있어 가능했고, 강릉의 문화 예술 인력이 두터워서 가능했다. 굿에
서부터 최신 영상까지라니. 그 넓은 스펙트럼이 실타래처럼 이어온
전통과 어울려 단오제의 미래를 밝게 해주었다.

　외지인이면 어떻고 이주민이면 어떤가. 그저 어울려 축제를 즐기
고 강릉 문화를 맛보면 강릉인이 되는 것이다. 김동찬 단오제위원장
이 해박한 지식을 바탕으로 옛날 얘기처럼 들려주는 단오제 이야기
를 들으니 방금 지나온 남대천 주차장이 예사롭지 않게 느껴졌고 난
전과 굿판이 영화처럼 펼쳐졌다.

강릉단오제는 대관령 국사성황을 제사하며, 풍농, 풍어, 집안의 태평 등 한 해의 안녕을 기원하는 제의이자 축제다. 천년의 역사에 민중의 역사와 삶이 녹아 있는 전통 축제로 음력 4월부터 5월 초까지 한 달여에 걸쳐 강릉에서 펼쳐지는 대한민국 최대 규모의 축제이다.

우리나라 전통 신앙과 유교, 불교, 도교를 정신적 배경으로 한 의례와 놀이가 진행된다. 음력 4월 5일 신주빚기를 시작으로 음력 4월 15일에는 대관령에 올라가 국사성황사에서 성황신을 모셔 강릉 시내 국사여성황사에 봉안한 뒤, 음력 5월 3일부터 8일 저녁 송신제까지 한달여 동안 강릉시내 남대천변을 중심으로 제례, 단오굿, 관노가면극 등과 같은 지정문화재 행사는 물론 공연, 체험행사와 함께 전국 최대 규모의 난장이 펼쳐진다. 1967년 국가무형문화재 제13호로 지정되었고, 2005년에는 그 문화적 독창성과 뛰어난 예술성을 인정받아 유네스코 인류무형문화유산으로 선정되었다.

이불 싸가지고 구경했던, 단오굿

단오제의 꽃은 단연 단오굿이다. 남대천 가설굿당에서 이루어진 단오굿은 몇 날 며칠이나 지속되었고, 할머니들은 밤낮으로 계속되는 굿을 행여 조금이라도 놓칠까봐 이불까지 싸가지고 와서 굿 구경을 했다고 한다. 단오굿에는 이름난 무당들이 많이 참여했고 관객들의 수준 또한 매우 높았다. 할머니 관객들은 무당들의 훌륭한 관객이자, 후원자가 되어 주었다. 줄어드는 무당의 숫자만큼 멋진 관객도 줄어

김동찬 강릉단오제위원장(아랫줄 가운데)로부터 단오제의 역사와 미래에 대한 이야기를 들었다. 사진 맨 왼쪽이 필자.

들고 있다고 하는데 여기에도 신중년의 역할이 필요한 것 아닐까? 굿판을 진심으로 즐기고 공부도 해서 다음 세대에게 설명도 해주고 함께 소통하는 장을 만들어 주는 역할 말이다.

시대가 바뀌면 문화의 형태가 변하는 것이 당연하다. 이전 세대와 우리 그리고 다음 세대가 함께 관람하고 즐길 수 있는 축제가 있다는 사실에 감사하고 싶다.

문화를 지키는 데 드는 책임과 비용은 우리가 감당해야할 몫이다. 세습으로 전수되는 무당의 명맥이 끊어진다면 우리는 어디 가서 굿 구경을 할 수 있을 것이며, 우리네 할머니들은 또 얼마나 쓸쓸한 노년을 보낼 것인가.

전통을 유지하는 데는 노력과 비용이 따른다. 유형의 문화재를 보존하는 데 노력을 기울이듯이 이 아름다운 무형의 자원인 단오굿을

단오제의 꽃, 강릉 단오굿

강릉 단오굿은 단오제 기간 동안 펼쳐지며 대략 20여 가지 굿을 한다. 여러 신들을 불러 집안의 평화와 생산의 풍요로움을 빌고 무병장수와 조상신의 숭배, 영혼의 천도 등을 빌었다 남대천 가설 굿당에 굿청과 관객석, 그리고 굿청 뒤에 무당들이 쉴 수 있는 장소를 마련했다. 가설 굿당에는 향과 초를 밝힌 소지상을 놓아 찾아온 사람 누구나 국사성황신에게 소지를 올릴 수 있도록 한다.

유지하고, 보존하고, 발전시키는 데 함께 책임을 느끼고 노력해야 한다. 문화는 단순히 즐기기만 한다고 해서 영속하지 않는다.

젊은 바다에서 자유를 꿈꾸다

산을 넘고 강을 지나 이제 바다에 닿았다. 영진해변이다. 그제 바다는 잔잔했으나 오늘의 바다는 파도가 꽤 높다. 강릉 날씨만큼이나 변화무쌍한 강릉 바다. 서울 촌사람인 나는 이런 변화가 좋다.

드라마 〈도깨비〉의 흔적으로 가득한 영진해변은 경포해변보다 젊다. 성공한 한 편의 드라마는 이렇게 오래도록 바다를 기억하게 한다. 파도가 거세니 들어가지 말라고 빨간 줄을 쳐놓았지만 젊은이들은 연신 줄을 넘어 들어가 사진을 찍는다. 밉게 보이기도 하련만 바다가 주는 관대함이라고 생각하니 그저 부러울 뿐이다. 보는 눈만 없으면 나도 살짝 그 줄을 넘어가서 〈도깨비〉의 주인공인 배우 공유를 상상 속에 세워놓고 사진을 찍어대련만 일행이 있고 나이가 있어 차마 그 줄을 넘어보지 못했다.

줄은 금기다. 순종적으로 살아온 내 삶의 연장인가. 한 번 넘어보고 올 걸, 사진도 찍을 걸. 여행은 도전이라는데 그 줄 하나 넘어보지 못하고 온 내가 한심했다. 법과 규칙을 지켰다는 것으로 위로를 삼아야 할까. 우리는 늘 경계에 서 있다.

규범과 자유와 모범과 일탈. 오십이 넘은 나이에 과히 이 사회에 해악을 끼치지 않는다면 나는 이제 자유롭게 살고 싶다. 내 자유가 가족의 편안함에 상충될 때 나는 자유를 양보하면서 살아왔다. 감히 희생이라고는 못하겠지만 그래도 나름대로의 포기였다. 이제 분연히 나의 자유를 찾겠다 선언했으니 조금씩 변해볼까. 강릉행이 자유의 시작을 도와주려나.

산과 바다를 매일 매일 산책하리라

우리나라의 산하에 풍광이 아름답지 않은 곳이 어디 있으랴. 어딜 가도 아름답다. 지역이나 장소를 고민할 필요가 없다. 만나는 이웃들도 다들 친절하다. 내가 만나고 싶은 이웃이 있다면 내가 그런 사람이 되어주면 될 일이다. 그리 하다보면 간혹 이상한 이웃을 만나더라도

강릉 날씨만큼이나 강릉의 바다도 변화무쌍하다. 서울 촌사람인 나는 강릉 바다 같은 이런 변화가 좋다.

세월이 지난 후에는 좋은 이웃으로 변하지 않을까.

이상한 사람이 한 명도 없는 모임이 있으면 내가 이상한 사람이라는 얘기를 들었다. 웃으면서 들었지만 무서운 얘기다. 우리는 모두 내가 정상이라고 생각하고 살지만 나도 얼마든지 이상한 사람이 될 수 있다. 그래서 이상한 이웃을 만나면 내가 이상한 사람이 되는 걸 막아준 고마운 이웃이라고 생각하고 살련다. 그러다 보면 좋은 이웃이 되겠지. 알고 보면 다 착한 사람이니까.

강릉은 강과 산, 그리고 바다가 있는 곳이다. 그것도 너무나 아름

아름다운 풍광의 강릉. 경포호수에 노을이 지고 있다.

다운 바다가 지천에 있다. 우울한 날, 즐거운 날, 아니 어떤 날이라도 항상 찾아갈 바다가 있으니 바다의 변화만큼이나 재미난 강릉 생활을 할 수 있지 않을까.

강릉의 배타성을 얘기하기도 하지만 강릉의 지리적, 역사적 사실을 보면 이해하지 못할 것도 없다. 김동찬 단오제위원장은 그것이 자기보호 본능일 수도 있다고 했다.

서울이나 수도권에서 평생 살았던 사람들은 자기도 모르는 우월주의적 경향이 있기도 하다. 중소 도시로 갈수록 겸허하고 수용적인 태도를 갖는 것이 필요하다. 겸손한 마음으로 먼저 다가간다면 따뜻하게 품어주는 강릉 사람들이 분명 많을 것이다.

무엇보다 강릉에는 단오제가 있다. 그것은 그저 하루 이틀짜리 조그만 지역 축제가 아니다. 한 달 가까운 시일동안 온갖 행사가 열리고 굿이 열리고, 난장이 열리는 지역의 문화의 장이다. 강릉에 살면서 단오제까지 즐긴다면 더 이상 외지인이 아닌 강릉인이 되어가는 풍요로운 경험을 할 수 있을 것 같다. 난전에서 이불도 사고, 끼워만 준다면 강릉 사람들과 함께 계모임도 해보고 싶다.

살다가 쓸쓸한 날에는 바다가 보이는 넓은 카페에 가서 품질 좋은 커피를 마시고, 수요일에는 선교장 열화당에 가서 파이프오르간 연주를 들으며 그렇게 살아보고 싶다.

비오는 바다도 보고 싶고, 눈이 내리는 바다도 보고 싶다. 아이들과 함께 단오제에도 가보고 싶다. 행여 하나라도 놓칠새라 이불을 싸들고 가서 할머니들과 함께 밤낮으로 단오굿을 '직관'하고 싶다. 그리고 산과 바다를 매일 매일 산책하리라. 새벽에도 밤에도.

인생 후반전,
새로운 기회를 찾다

박옥기

별칭 소요유(逍遙遊). 앞으로 남은 삶을 거리낌 없이, 자유롭게, 여유롭게, 소풍처럼, 어슬렁 거리며 살고 싶다. 그러기 위해 지난 세월을 사부작사부작 복기하는 중. 인생 전환이 필요하다. 익숙한 것에서 벗어나기. 좋아하는 것, 재밌는 것 발견하기. 내가 하면 로맨스 남이 하면 불륜 따위는 하지 말기. 폭력에 저항하고 모른 척 하지 않기.

머리는 가볍게, 몸은 더 가볍게

소요(小搖)한 일상

이른 아침. 남편이 슬리퍼를 끌며 방에서 나오는 소리가 들린다. 나는 아직 잠에서 깨지 못해 비몽사몽 중이다. 남편은 텔레비전을 켜고 농구나 축구를 본다. 잠시 후 문을 열어 환기를 시킨다. 베란다에서 걸레 빠는 소리가 들린다. 쓱쓱 거실과 방을 오가며 청소를 한다. 다시 걸레를 빨아 세워 놓는다. 소리로 시작하는 아침이다. 사과 깎는 소리, 달걀 삶는 소리, 도마 소리, 차 끓이는 소리, 설거지하는 소리, 남편 아침 먹는 소리. 바둑 두는 소리가 들리기 시작하면 집이 조용해진다. 나는 다시 단잠에 빠져 살짝 졸다가 느지막이 일어난다. 짧게 눈을 감고 멍을 때리거나 명상을 한다. 거실로 나오면 식탁에 남편이 준비해둔 내 몫의 아침식사가 접시에 담겨 있다. 삶은 달걀 1개, 토마

토 1개, 사과 반쪽. 매번 고맙고 맛있고 기분 좋다. 원두를 갈아 진하게 핸드드립 커피를 두 잔 내린다. 남편 한 잔, 나 한 잔. 매번 오늘 커피가 맛있다고 해준다.

1년 전쯤, 다니던 직장을 그만두었다. 늘 종종거리며 살아온 시간들이었다. 이런 느긋하고 느른하고 게으른 아침이 좋다. 지금까지 내 인생에서 이렇게 평화롭고 따뜻하고 여유로운 적이 없었다. 이런 일상을 유지하며 살고 싶다. 이른 감이 있지만 이제 은퇴를 해야 하나 생각해 본다. 가능할까. 상상을 초월하는 집값, 물가, 벅찬 생활비. 출근하는 사람이 없다면 굳이 여기서 살 이유가 없지 않을까. 서울을 벗어나 적게 쓰고 적게 먹고 천천히 살면 가능할 수 있을 것 같기도 하다. 지역을 고민해본다. 은퇴라고 생각하면 새로운 출발이라는 발상의 전환도 가능하다. 지금까지와는 다르게 살고 싶다. 삶의 전환이 필요하다. 지금이 가장 적합한 시기라고 생각된다.

가족들에게 나는 이제부터 봄, 가을에 한 달씩 다른 곳에 가서 한 달 살이를 하겠다고 말했다. 몇 년 전부터 꿈꿔오고 계획했는데 실행에 옮길 때가 되었다. 나는 서울에서 태어나 서울에서만 살았다. 내 주위에 아무도 지역에 살고 있는 사람이 없어서 여행 말고는 지역에서 지내 본 경험이 없었다. 그리고 지금껏 한 번도 혼자 살아본 적이 없었다. 치열하고 가혹했던 도시에서 벗어나 조용히 혼자 지내보고 싶다. 지난 나를 복기해보고 앞으로 어떻게 살까 생각도 하고. 한 달 살이는 그런 나에게 주는 선물이다. 지역살이 탐색을 시작해 봐야겠다. 이게

강릉이 강릉강릉하던 가을 날, 지역살이를 위한 탐색에 나섰다.

나의 미래, 노후에 대한 비즈니스라는 생각이 든다. 유목민처럼 여기 저기 한 달씩 살아보다 나와 맞는 지역에서 자연스럽고 굳건하게 발을 딛고 살고 싶다. 그곳에서 나이듦을 배우며 남은 내 몫의 삶을 소요하고 싶다. 나처럼 도시에서 태어나 지금까지 아파트에서만 살아온 아이에게도 때가 되면 지역에 갈 곳을 만들어 줄 수 있다면 금상첨화다. 이 다음에 손주에게도 때때로 시골 할머니네 간다고 말할 수 있게 해주고 싶다. 마당이 있는 집이면 더 좋을 것 같다.

"거기서 뭐하고 살래?"

아는 사람도 없고 친구와 친척들도 다 여기에 있고 병원도 멀고 할 일도 없는데 외로워서 어떻게 사냐고들 묻는다.

"아무것도 안 할래."

어슬렁거리고 멍 때리고 산책하고 책 읽고, 때론 기억나는 것들을 끼적이며 살거라고 말한다. 꼭 무슨 일을 해야 한다는 강박에서 벗어나고 싶다. 도시와 다르게 살려고 지역살이를 꿈꾸는데 또 일이라니. 생활비를 최소한으로 줄이고 마음 편하게 사는 것, 건강이 우선인 일상을 살고 싶다. 일을 안 하면 안달하며 살지도 않을 것이다.

그냥 사는 것이다. 꼭 돈을 벌어야 하고 직책이 있어야하고 눈에 띄는 활동이 있어야 하는 것은 아니다. 돈을 벌지 않고 그냥 나를 탐구하는 일상이 좋다. 멍 때리고 산책하고 운동하고 텃밭 농사짓는 일도 일이고 뭔가를 하는 것, 사는 것도 비즈니스다. 요즘 나는 평소 하고 싶었던 일들을 조금씩 시작했다. 뜨개질을 시작했고 그림도 배우러 다닌다. 생각나는 일을 두서없이 써보기도 한다.

내 의도대로 되지 않지만 재미있다. 글을 쓰다 보니 잃어버렸던 기억들이 차츰차츰 생각나고 그 추억으로 인해 내 삶이 풍요로워졌다. 시간과 여유를 가지고 잘 기억하고 기록하고 싶다. 꼭 돈을 벌고 일을 해야 하는 건 아니다. 책 읽고 글 쓰고 평화로운 일상을 잘 살아내는 것도 나만의 비즈니스다.

강릉 자수에는 강릉 여인들의 강한 생활력, 가족들에 대한 사랑과 헌신이 깃들어 있다.

　지역살이를 염두에 두고 정보를 찾고 있을 때 강릉 자수가 눈에 띄었다. 손으로 뭔가 만드는 걸 좋아하는데, 자수로 소일하며 보낼 수 있겠구나. 가서 직접 보고 싶었다. 그래 강릉이야, 강릉으로 정했다.

재미있고 가슴 뛰는 일

"강릉 자수는 피카소의 추상화를 보는 것 같아요. 보통 한국 자수는 굉장히 사실적으로 수를 놓아요. 강릉 자수는 추상화되고 단순화되어 있어요. 드론으로 숲을 내려다보는 느낌이었어요."

유튜브에서 강릉 자수를 소개하는 강릉자수알리미 문현선 회장의 말이 무척 인상적이었다. 자수가 피카소의 추상화 같다니. 자수는 프랑스 자수밖에 몰랐는데 이런 자수가 있다니 놀라웠다.

"하지 마. 그런 거 하지 말라고."

어릴 적 뜨개질이나 바느질을 하고 있으면 할머니는 내 등짝을 쳤다. 손재주 좋으면 나중에 고생한다고, 손으로 밥 벌어 먹는 팔자가 된다고 걱정이었다. 나는 여중, 여고를 다녔는데 교과 중에 가정 과목이 있었다. 가정 시간에 옷 만들기, 바느질, 수예, 뜨개질을 배웠다. 손으로 만드는 걸 좋아하기도 했고 손재주도 제법 있었다. 내가 만든 작품이 늘 샘플로 채택되었고 전시되기도 했다. 공부로는 선생님께 칭찬받지 못했지만 가정 시간에 만들기를 할 때는 항상 칭찬을 받았다. 할머니의 성화로 나는 손으로 만드는 걸 잊고 지냈다. 그러다 몇 해 전 안식년을 보낼 때 갑자기 뜨개질이 생각이 났다. 유난히 더웠던 해, 도서관으로, 카페로 유목하며 뜨개질을 했다. 1년 내내 가방과 파우치, 카드 지갑, 옷 등을 만들었다. 그리고 내 인생에 지분이 있는 사람들에게 선물했다. 사람들이 예쁘다고, 귀한 걸 선물 받았다고, 좋아해줬다. 그때부터 다시 손으로 만드는 것에 관심이 갔다.

높고 푸른 하늘에 몽실몽실 뭉게구름이 있는 날, 강릉이 강릉강릉하던 날, 강릉 자수알리미 문현선 회장을 만났다. 문 회장은 대전에

강릉 자수에서는 피카소의 추상화 같은 느낌이 난다.

서 강릉으로 왔다. 처음에 1년쯤 살다 가려고 했는데 강릉의 매력에 빠져서 지금까지 25년여를 살고 있다고 한다. 강릉 여행을 시작한지 며칠 안 되었지만 산과 바다, 어디다 눈을 둬도 매력적인 도시임을 부인할 수가 없다.

누구나 그렇듯 문 회장도 잠자는 시간 말고는 일에 빠져 살았는데 어느 순간부터 바쁘기만 하고 재미가 없었다고 한다. 강릉에 와서 시간적인 여유가 생기고 그때부터 좋아하는 일, 재미있는 일을 하기 시작했다. 강릉 살이를 고민하고 있는 나는 강릉이 매력적이라는 말에 조금 마음이 솔깃했다. 나도 여기서 잘 적응하고 재밌게 잘 살 수 있을까. 내가 생각하는 삶은 느리게 사는 것인데 그것이 가능할까.

강릉 자수알리미 문현선 회장(가운데)을 만났다. 사진 오른쪽 두 번째가 필자.

　문 회장은 자수를 보고 있으면 자수가 말을 거는 것 같고 어머니의 사랑이 느껴진다고 했다. 강릉 여성들은 제주 해녀처럼 강인한 여성들이다. 강릉 여성의 기록되지 않은 역사와 문화에 아쉬움이 많다. 바다와 산으로 둘러싸인 야생적인 문화가 강릉 여성에게 있다고 했다. 신사임당이나 허난설헌 같은 인물들이 괜히 나온 게 아니다.

　강릉 자수는 강릉 여인들의 강한 생활력, 가족들에 대한 사랑과 헌신이 반영된 뛰어난 문화다. 제대로 알려지지 않아 아쉬웠는데 어느 날 갑자기 자수박물관이 없어진다고 해서 문 회장은 너무 안타까웠단다. 강릉에 사는 여성으로, 강릉에서 아이를 낳고 키웠던 엄마로서, 강릉 자수가 강릉 시민들한테 알려지고 사랑받아야 한다고 생각했다. 그래서 알리는 일을 시작하게 되었다.

　강릉 여성들을 이야기하는데 가슴이 뭉클했다. 많이 알려진 허난설헌이나 신사임당은 당연하다고 해도 이름 없는 여성들까지 생각하는 문 회장의 마음이 짜르르 전해졌다. 나이가 먹은 후로 여성들의 이야기만 나오면 마음이 짠해진다. 나도 여성이고, 여성으로 살면서 버텨온 세월에 크게 공감했다. 그리고 할머니 생각도 났다. 조실부모한 우리 4남매를 키워주신 할머니가 그리웠다.

"너는 너 하고 싶은 거 다 하고 살아라."

할머니는 내가 여자여도 집안일을 시키지 않았다. 공부 많이 해서 돈 많이 벌고 살라고 했다. 그리고 우리들을 위해서 늘 기도했다. 강릉 여성들도 가족들을 위해서 수를 놓았을 것이다. 가족들의 안녕을 위해서 길조를 수놓고 시집가는 딸을 위해서 보자기를 만들고 남자들을 위해서 한지를 끼워 넣은 담배쌈지를 만들었다.

나이를 먹으니 오지랖이 넓어진다. 강릉 여성의 규방 문화며 허난설헌, 신사임당 같은 옛 여성 문인들의 이야기가 남 얘기 같지 않다. 문득 나도 강릉 여성이 되고 싶다는 생각이 들었다. 안식년 때 뜨개명을 때리며 평화로웠던 기억이 좋았다. 강릉에 와서 안목해변 카페와 송정해변 숲길에 앉아 강릉 자수를 놓으며 멍 때리면 참 좋겠다. 직접 본 강릉 자수는 인터넷에 올라온 사진이나 영상으로 보는 것보다 훨씬 아름다웠다. 옛것이라는 게 믿어지지 않을 정도의 디자인이었다. 처음 봤을 때는 형이상학적 디자인이 눈에 들어왔지만 조금 더 자세히 들여다보니 그 안에 있는 각각의 나무와 새가 보이고 오방색이 보였다. 수보자기의 전체적인 느낌에서 대관령 숲이 보였다. 자수에 강릉의 특징을 모두 디자인해서 넣은 것 같았다. 조선 시대에 이런 수준의 디자인이라니, 놀라웠다. 누빔바느질 선은 직선이 아닌 도형으로 이루어졌는데 이 바느질 선은 평창동계올림픽 포스터에도 응용되었다고 한다. 문 회장이 강릉 자수를 왜 좋아하게 되었는지 충분히 납득이 됐다.

문 회장은 사십대 후반부터 오십 이후에 어떻게 살까 고민을 했다

조선 시대부터 이어온 전통의 '강릉 자수'

조선 시대부터 이어온 강릉의 전통 자수로, 자녀를 향한 부모의 사랑, 가족을 향한 가장의 사랑, 부부의 사랑 등 가족에 대한 염원이 담긴 추상 문양 자수이다. 동식물을 사실적으로 표현하는 것을 최고의 자수라고 평가했던 조선 시대에 추상적이고 유니크한 문양, 미니멀한 패턴이 특징이다. 뿌리나 기둥을 중심으로 사방으로 뻗어 나가는 줄기마다 오방색의 잎이 달리고 가지 끝에는 길조들이 자유로이 날아다니는 형상은 단오제의 신성목을 떠올리게 한다. 행운과 번영, 번창을 뜻하는 화목문과 장수, 안녕을 뜻하는 색실누비문으로 나눈다.

*강릉 자수 Giv 컴퍼니
강릉 자수를 지속적으로 알리는 게 목표. 전통을 새로운 관점에서 보는 Re-Tradition 브랜드. 바느질의 '기우다', 어머니의 사랑을 '깁다' 영어로는 Giv, 선물을 주다와 같은 발음으로 강릉 자수 색실누비와 수보자기가 가지고 있는 안녕과 복락을 깁다라는 의미가 있다. https://blog.naver.com/givstorylab

고 한다. 지금까지의 삶을 돌아보면 그 어느 것도 혼자 힘으로 가능한 것은 없었다. 신중년인 나도 충분히 공감이 가는 말이었다. 강릉 자수와 접목해 문화 예술 플랫폼 만드는 일을 시작했다. 이 사업이 어느 정도 안정되면 환경 관련 일을 하고 싶다고 했다.

강릉 사람들이 강릉이 얼마나 좋은 곳인지 모르는 게 안타까웠다. 변화가 필요한 곳 강릉, 그 변화는 외지에서 들어온 사람들에 의해 조금씩 바뀌고 있다. 문현선 회장도 그런 사람들 중 하나다. 필요하면 만들고, 재미있으면 적극적으로 즐기고, 받은 것을 돌려주었다. 대화 중에 몇 번이나 "가슴 뛰고 재미있는 일을 하고 싶다."고 했다.

가슴 뛰는 일이라는 말을 듣는데 내 가슴이 콩닥콩닥 뛰었다. 누구나 좋아하는 일과 재밌는 일, 가슴 뛰는 일이 있다. 나도 좋아하는 일을 하며 살고 싶다. 내가 앞으로 하고 싶은 건 비즈니스 없는 비즈니스. 나만의 비즈니스다. 나를 탐구하고 나를 알아가는 것. 좋아하는 취미 활동을 하며 조용하게 사부작사부작 사는 것이 나에게는 재밌고 가슴 뛰는 일이다.

꿈만 꾸면, 꿈만 꾸다가 끝나요

강릉 살이 탐색 중에 강릉에 뿌리를 내리고 살면서 글을 쓴 사람들의 책을 읽었다. 강릉 곳곳을 깊이 사랑하는 사람들의 이야기. 강릉

탐사에 맞춤한 책이었다. 강릉 여행 중 운 좋게 글쓴이들을 만날 수 있었다.《강릉이래요》라는 책을 쓴 10명의 공동 저자 가운데 권우태, 최영묵, 유선기 세 사람과 강릉 살이를 탐사 중인 4명의 여행자들이 최영묵 씨의 집에서 만나 이야기를 나누었다.

최 씨의 집이 있는 얼음골은 제법 깊은 산골이었다. 집 가까이 다가가자 계곡에서 졸졸졸 물소리가 들렸다. 조금 더 들어가니 새 소리, 벌레 소리, 강아지 소리도 들려왔다. 자연의 온갖 소리들이 오히려 조용하고 한가롭게 들렸다. 사방이 산으로 둘러싸인 곳에서 잘생긴 소나무들이 눈에 많이 띄었다. 밭에는 여러 모양의 꽃과 감나무, 사과나무, 오가피나무 등이 심어져 있었다. 나는 앙증맞은 꽃사과가 보기 좋았다. 포도처럼 주렁주렁 열린 하트 모양의 꽃사과가 나에게 "잘 왔어."하고 말해주는 것 같았다. 밭에 작물이 아닌 꽃과 나무라니, 낭만적이구나.

《강릉이래요》
10인 10색 강릉이야기

책의 제목인 《강릉이래요》는 "강릉입니다", 혹은 "강릉 이렇습니다"라는 중의적 의미를 갖고 있다. 2019년 봄, 강릉원주대학 평생교육원 '강릉 깊이 읽기'에서 만난 수강생 10명이 쓴 무지개 같은 책. 강릉 토박이부터 귀촌한 사람까지 강릉 사랑과 내공이 깊은 다양한 사람들의 이야기가 담겨 있다.

최영묵 씨(가운데)의 집 주변은 온갖 자연의 소리로 가득했다.

집 주인 최 씨는 집 마당에 반듯하게 깐 벽돌과 밭으로 내려가는 길
에 판석을 놓아 길을 만든 것을 자랑했다. 자로 잰 듯 반듯한 판석들
이 발을 딛기 좋게 지그재그로 놓여 있었다. 몇십 년 경험 있는 기술
자가 놓은 듯했다. 시골살이가 얼마나 힘든 줄 아냐고 푸념하는 듯하
면서도 표정은 밝고 행복해 보였다.

《강릉이래요》의 저자들은 이구동성으로 "가족이 다 같이 와야 한
다."고 입을 모았다.

"우리는 지역으로 삶의 터전을 옮기는 데 합의가 안 되어 있었어요."
"윗집은 짓다 말았고, 조금 살다가 다시 간 집도 있죠."

주변의 실패 사례를 줄줄이 말해준다. 실제로 최 씨 집 뒷편에 짓

《강릉이래요》책의 저자들. 왼쪽부터 최영묵, 권우태, 유선기 씨.

다가 만 집이 황량하게 서 있었다. 특히 여성 혼자인 경우에는 집짓기도 어렵다고 했다. '혼자인 사람은 어떻게 하지.'라는 생각을 했다. 편견의 벽 때문에 남편이나 아내가 없는 사람들, 1인 가구는 살기 힘들겠구나. 지역살이를 하고 싶은 사람들에게 어떤 경우라도 걸림돌이 없었으면 좋겠다.

저자들은 모두 강릉과 인연이 깊은 사람들이다. 권우태 씨와 유선기 씨는 부부 모두, 최영묵 씨는 배우자의 고향이 강릉이다. 연고가 있는 사람들, 갈 곳이 있는 사람들은 얼마나 좋을까. 나는 지역에 연고가 있는 사람들이 늘 부러웠다. 권우태 씨는 서울살이 33년 만에 강릉으로 돌아왔다. 처음에는 아내가 적응을 하지 못해 몇 번이나 서울에 남겨둔 집으로 돌아가곤 했지만 지금은 부부가 완전히 만족하며 산다고 했다. 권 씨가 "밖에서 밥 먹는 일이 많아서 혼자 밥 먹는 아내에게 미안함이 있다."고 하자 누군가 "아마 아내 분은 엄청나게 좋아하실 거다."라고 해서 모두 함께 웃었다.

유선기 씨는 강릉에서 쭉 살았다. 어머니를 모시고 함께 밥 먹는 게 좋다고 했다. 어머니와 함께 '강릉사투리경연대회'에 나가서 상을 받았다고 자랑했다.

최영묵 씨는 유치원에 다니던 딸의 이야기를 듣고 결단을 내렸다. 유치원에서 하루에 두 시간씩 아이들 낮잠을 재웠는데 그 시간이 마치 감옥에 갇힌 것 같았다는 말 때문이었다. 대학에서 학생들을 가르치고 있는 최 씨는 평일 3~4일은 서울에서 일하고 나머지는 강릉에서 초보 농사꾼으로 지낸다.

나도 40대 후반에 제주도 같은 곳에 살면서 서울에서는 일주일에 며칠만 일하면 좋겠다고 생각한 적이 있었다. 교통비가 많이 들더라도 그렇게 살고 싶었다. 지금 최 씨가 바로 그렇게 하고 있다. 너무 부러웠다. 비교적 일찍 탈서울을 하고 아이도 어릴 적부터 자연에서 키우는 것이 너무 좋아 보였다.

글쓴이들은 강릉을 깊이 사랑하는 사람들이었다. 자신들이 살고 있는 지역을 치열하게 공부해서 책을 낸 것이 무척 인상적이었다. 강릉 지역살이를 소개하는 글을 써야하는 나도 생각이 많아졌다. 한마디 한마디가 그냥 들리지 않는다. 지난 일이라 웃으며 말하지만 그 행간에는 글을 쓰는 작업이 얼마나 어려운 일이었음을 느낄 수 있었다. 함

강릉에는 '강릉스타일'이 있다. 강릉 여행 중 숙소로 묵었던 오죽한옥마을의 모습.

께 글을 쓴다는 건 서로의 의지로만 되는 일은 아닌 것 같다. 마음도 맞아야 하지만 특히 서로 간의 신뢰가 있어야 되는 일이다. 우리는 지금 그렇게 하고 있을까 하는 반성이 들었다.

얼마 전부터 글을 쓰기 시작했다. 어디에 내어 놓을 글은 아니지만 지난 삶을 복기하고 기록하는 일을 하고 있다. 나는 어린 시절의 기억이 거의 없다. 누군가는 너무 힘든 기억을 스스로 지워버렸을 거라고도 했다. 글을 쓰기 시작하니까 신기하게도 지난 일들이 많이 생각났다. 특히 할머니 생각이 많이 났다. 서툴지만 시간 날 때마다 조금씩 기록하고 있다. 기억하고 기록하며 스스로 토닥토닥 위로하는 시간이 참 좋다. 나에게는 가슴 뛰고 재미있는 일이다. 아무것도 하지 않을 권리이고 나에게 집중하는 비즈니스이다. 강릉에 와서 글쓰기를 계속하면 좋겠다는 생각이 들었다.

"타성이에요. 그걸 깨지 못하면 그렇게 사는 거죠. 생각이 많으면 생각만 하다가 끝나 버리고 말아요. 꿈만 꾸면, 꿈만 꾸다가 끝나요. 여기 와서 뭘 할 수 있을까, 돈은 벌 수 있을까, 텃세는 어떻게 하지, 이런 생각은 필요 없어요. 무조건 오면 됩니다. 오면 다 됩니다. 일도 활동도 다 생겨요. 오기도 전에 이런저런 머리로 하는 생각은 필요 없어요."

강릉에서 만난 사람책들이 한결같이 하는 말이다.

아무것도 하지 않고 살 자유

흔히 연고가 없으면 지역살이가 힘들다고 한다. 연고가 없어서 힘든 것이 아니라 환경이 달라서 힘든 것이다. 지역에 가면 그 지역만의 스타일이 있다. 이를테면 '강릉스타일' 같은 것이다. 대부분의 사람들이 서울 같은 대도시를 기준으로 모든 것을 판단한다. 말투나 친절함, 사람을 대하는 방식 등 모두 서울 방식이 표준이다. '강남스타일'만이 정답은 아니다. 사람 사는 방식에 표준이 따로 있고, 좋고 나쁜 것이 있을 수 없다.

강릉은 바다와 산으로 둘러싸여 있다. 외부인이 쉽게 들어오기 힘든 지역이고 한 집 건너 모두 친인척인 환경이었다. 대도시처럼 지나치게 친절할 필요도, 자신의 속을 감출 필요도 없었다. 대도시의 친절함에 익숙해 있는 사람들이 보기에는 불친절하고 퉁명스럽고 텃세를 부린다고 생각하기 쉽다. 나는 이것이 그저 '강릉스타일'일 뿐이라고 생각한다.

지역에 아무도 없는 내게 비빌 언덕이 생겼다. 이번 강릉 여행에서 만난 사람책이 모두 나의 비빌 언덕이다. "언제든 오면 환영."이란 말을 곧이곧대로 믿고 가서 비비고 엉겨붙을 생각이다. 멍 때리며 살고 싶다는 생각은 아직 변하지 않았지만 다가오는 것들에 대한 두려움이 조금은 사라졌다. 내가 만나고 온 사람책들이 다 마음을 따라가며 살고 있었다. 나도 그렇게 할 수 있을 것 같다.

"꿈만 꾸고 생각만 하지 말고 재미있는 걸 따라가며 살라."는 말이 온몸 여기저기에 박혔다. 귀로, 눈으로, 마음으로, 머리로. 무조건 떠나 보기로 한다. 겁먹지 말고, 닥치고 지금 시작해 보려고 한다. 이 글을 쓰고 있는 지금, 나는 강릉에서 한 달 살이를 하고 있다. 사람들은 나이를 먹으면 친구를 만들기 어렵다고들 한다. 하지만 내 경우는 나이가 제법 있을 때 만난 사람들과 지금까지 귀한 인연을 이어오고 있다. 지역살이에서 새로운 만남에 대한 기대를 가져본다. 도시에서는 친구 외에 다른 이웃들을 가까이 하기 어려웠다. 강릉에서는 의외로 빨리 친해지고 가까워질 수 있을 것 같다. 이 나이에 간 보고 뭐 보고 할 필요 없는 솔직한 만남이 기대된다.

아무것도 하지 않는 비즈니스. 나는 이제 어딜 가서 뭘 먹고 살지, 뭘 하고 살지 걱정하지 않기로 했다. 마음먹은 것처럼 아무것도 안하기로 한다. 책이나 읽고 글이나 쓰고 이것저것 만들고 멍 때리고 사는 것. 내가 생각하는 것, 내가 하고 싶은 것, 내가 재밌는 것이 내 스타일이고 내 비즈니스다.

김미정

길 위의 동물들과 대화를 좋아하고, 사람들 사이에서 에너지를 찾아내며, 바다를 비추는 달빛에 마음을 빼앗기는 약사. 킬리만자로의 자갈길과 히말라야 랑탕계곡, 인수봉 암벽을 하강하는 모험도 좋아하지만, 대나무숲이 흔들리며 들려주는 삶의 속삭임도 놓치고 싶지 않은 신중년. 발달장애인 방과후 학교인 (사)푸른마을에서 함께 살아가는 방법을 모색 중이다.

작은건축 · 네트피아 · 강릉문화재단 '강릉시문화도시지원센터'

소나무와 바다, 그리고 사람

지금 나는, 어디만큼 왔을까?

내 고향 남쪽 바다, 마산. 쪽마루에 누워도 바다가 보이는 곳에서
자랐다. 보름달이 휘영청 뜰 때면, 바다에 그려진 달그림자가 반짝이
며 흘러가는 곳이 어딜까 궁금해하며 사춘기를 보냈다. 이불 한 채,
풍로 한 개를 버스에 싣고 고향을 떠나 부산에서 대학을 다녔다. 캠퍼
스에 학생보다 경찰이 더 많았던 시절. 지식인의 사명과 민주화의 물
결 속에서 뜨겁게 이십 대를 보냈다. 하늘색 잠바를 입고 학교 경비실
옆을 지나가던 멋져 보이던 청년에게 괜스레 반해 결혼했고, 시어머
니와 같이 두 칸 방에서 신혼살림을 시작하여 두 아이를 낳고 기르다
보니, 30년의 세월이 물처럼 흘러갔다.

투명한 이슬 달린 볏잎 자락에 알을 낳고 나면, 산실(産室)을 거미줄

로 옭아매고 기다렸다가 그대로 새끼의 먹이가 되어버리는 염낭거미의 시간만이 내게 남은 걸까?

약국을 하면서도 틈만 나면 일탈을 꿈꾸었다. 약국 안의 삶에는 감정 노동과 육체 노동이 묘하게 섞여 있다. 다양한 문제들을 호소하는 환자들을 대면하면서 전문적인 지식 단련에서부터 약국 경영, 그리고 내 건강까지 스스로를 끊임없이 채찍질해야 하는 힘겨운 여정이었다. 온종일 몸과 마음이 아픈 사람들의 이야기를 듣고 집에 돌아오면 등골이 아팠다. "그 무엇 하나에 간절할 때는 등뼈에서 피리 소리가 난다."는 신달자 시인의 시처럼.

그 틈바구니 속에서 치열하게 살았다. 야간 대학원에서 사회 복지사 자격을 따고, 탄자니아의 응고롱고로에서 사파리 투어를 하고, 히말라야의 금빛 해돋이도 느껴 볼 수 있었다. 2년 전 나는 드디어 약국을 접고 안식년이란 시간을 선물을 받았다.

우연히 거제도 바닷가 마을에서 잠시 머물 기회가 생겼다. 처음엔 한 달을 생각했다가 점점 빠져들어 7개월째 되는 여름, 태풍과 물난리로 할 수 없이 퇴각할 때까지 그곳에 머물렀다. 그해 겨울엔 딸과 함께 제주에서 두 달 살이를 했다. 한라산을 중심으로 한 엄청난 자연 풍광이 우리의 발을 붙잡기도 했지만, 거제와는 격이 다른 바다의 힘을 숨죽이며 겸손하게 바라볼 수 있는 시간이었다. 이제 검푸른 동해가 기다리는 강릉으로 가보련다. 거대한 산과 깊은 바다를 보고 사는 사람들은 어떤 생각을 하고, 어떻게 살아가는지 궁금했다.

집을 떠나 또 다른 집을 꿈꾼다

도시에서 살면서 집이라는 공간에 대해 심각하게 생각해 본 적이 없다. 서울의 우리집이라고 하면 옆집과 바짝 붙어 있어서 주차할 공간이 부족해 심란하고 조그만 햇볕조차 나눠 쬐는 형편. 그나마 집 근처 조그만 천변을 나의 정원이라 여기며 선택의 여지 없이 살아왔다.

나이가 드니 슬슬 삶의 공간에 관심이 생기고 내가 진짜 살고 싶은 집은 어떤 건지 상상해 보기도 한다. 연꽃무늬가 새겨진 청자 수막새로 마감된 화려한 기와집? 생활 동선이 편리하고 깔끔한 모던 스타일? 아니면 느닷없이 수시로 배낭을 메는 주인답게 조그맣고 아담한 아파트? 강릉 왕산골한옥에서 만난 경운기와 소나무 모탕도 그럴싸하게 아담한 '판잣집'을 갖고 있었는데 지역살이를 한다면 나에게 어울리는 집은 과연 어떤 곳일까?

왕산골에서 만난 '철우휴식사'. 농기구들이 거주하는 작은 집이다.

215

지역살이를 할 때 가장 먼저 고려하는 것이 머물 집을 정하는 것이다. 지역살이 집을 찾다가 예비 사회적 기업 '작은건축'의 김창욱 대표를 알게 되었다. 김 대표는 공무원, 건설 회사 직원, 영어 강사, 디자이너를 거쳐 현재는 건축 사업과 함께 강릉시 아름다운 도시 재생 PMproject manager을 맡고 있다.

한국에서 대학을 졸업하고 공무원 생활을 하다 미국으로 건너간 김 대표는 텍사스주의 한국 반도체 회사 로컬 매니저로 공장 건설 현장에 참여했으며, 콜로라도주의 고고학센터 리모델링 설계를 했던 경험도 있다. 40대에 접어들며 미국 생활이 익숙해질 무렵. 치매를 앓고 있던 아버지 곁으로 다시 돌아오게 됐다.

작은건축의 사무실 겸 작업실에서 강릉 살이에 대한 이야기를 나누었다. 목공용 작업 도구와 나무 재료들이 곳곳에 널려 있다.

한국에 돌아와 당장 생계를 위해 영어 강사 생활을 하다가 한국사회적경제진흥원 공모에 지원, 당선되면서 건축 사업을 시작하게 됐다.

사람들은 자기 세대만의 부당한 고통과 불운을 이야기한다. 내가 20대였을 때 우리나라는 민주화의 그늘을 통과하고 있었고, 왕성한 경제 활동을 할 30대엔 IMF 외환 위기를 맞았다. 나도 약국 건물이 부도가 나서 보증금을 통째로 날렸던 경험이 있다. 김창욱 대표도 자신이 대학 졸업 무렵 겪었던 한국의 금융 위기와 또 다른 기회를 찾기 위해 간 미국에서 맞게 된 리먼 브러더스 금융 위기를 이야기했다.

"인생을 살면서 생각대로 이루어진 것이 있던가요? 미국에서 한 푼이라도 더 벌려고 비 오는 날, 배달 아르바이트를 하다가 오토바이가 미끄러져 수리비로 한 달 아르바이트비를 다 날린 적도 있었죠."

어찌 보면 모든 세대의 인생이 다 그런 것 같다며 우리는 웃었다.

나이 든 도시 살리는 아름다운 도시재생 사업

강릉은 빠르게 초고령 사회로 접어들고 있는 지역이다. 집도 노후화되고 빈집도 늘어나고 있다. 김 대표는 주민들이 스스로 집을 짓거

전문가들과 함께 하는 셀프 집수리 아카데미의 일대일 현장 교육.

나 고칠 수 있도록 그 수요에 맞는 기술을 교육하고 있다. 말하자면 셀프 집수리 프로젝트이다.

목공에서부터 설비, 전기, 도배, 타일, 도장, 창호 등에 이르기까지 전문 분야의 기술자들로부터 직접 현장에서 기술을 배울 수 있도록 지도하고 있다. 교육생들은 과정을 마친 후 강릉시문화도시지원센터의 연계 사업에 참여할 수 있도록 지원할 계획이다.

도시 재생 사업이란 단순히 오래된 시설을 고치고 건물을 새로 짓는 것을 의미하는 것이 아니다. 다른 지역을 그대로 흉내내거나 사진이나 한 장 찍기 위해서 하는 보여 주기식 사업으로 진행되면 현지인들의 신뢰를 잃어 일회성 사업으로 그치게 된다. 사업의 성패를 결정하는 가장 중요한 것은 지역민의 마음을 얻는 것이다. 김창욱 대표는 이 일을 기초부터 한 발, 한 발 해 나가고 있다.

철학이 숨쉬는 작은 집

김창욱 대표는 지역살이를 위한 작은 집짓기 사업도 병행하고 있었다. 6평 사무실, 9평 아파트 등을 최소한의 자본과 손댐, 그리고 정성으로 버무린 가성비 높은 집짓기다. 그곳에서 삶을 살아가는 사람을 최대로 배려한 공간으로 재탄생시켜준다.

건축 과정에서 오래된 불법 건축물을 만나게 되면 강릉시문화도시 지원센터와 협업을 통해 주인을 설득, 한 달 살이 전문 숙박 시설로 양성화를 유도하기도 한다.

현재 초당 근처에 한 달 살이 전문 숙소를 짓고 있다. 직접 한 달 살이를 해보고 싶어 문의를 했더니 두 달 뒤까지 예약이 꽉 차 있을 정도로 인기가 많았다. 배낭 하나 짊어지고 강릉에 와서 하루 3만 원 정

공구만 없으면 도서관처럼 보이는 작은 건축의 협업 작업실.

작은건축의 김창욱 대표(가운데)는 지역살이를 위한 작은 집짓기 사업에도 참여하고 있다. 사진 맨 왼쪽이 필자.

도의 숙박비로 한 달 살이가 가능하다면 충분히 매력적인 공간이 될 수 있을 것이다. 자본의 규모가 작아 집 짓는 속도가 느리다는 김 대표의 말에 팬슈머로 참여해서, 한 달 살이 숙소 펀드를 만들어 사람들을 모아서 같이 진행하는 방법도 있지 않을까 하는 생각도 들었다.

김 대표가 미국을 떠나 다시 고향으로 돌아온 지도 7년쯤 됐다. 5대쯤 살아야 선주민으로 인정해주는 이곳에선 이주민 같은 사람이다. 다시 고향으로 돌아왔을 때 느꼈던 어려움에 관해 물어보았다.

"남의 시선과 격식을 중요시하는 부분에서 문화적 차이가 크죠. 미국에서는 사장도 더우면 반바지에 샌들을 신고 출근하는데 처음에 여기서 그랬다가 건방지다, 예의 없다는 눈총을 많이 받았어요. 이곳이

고향인 저도 힘들었는데 지역살이를 해보려는 신중년들도 마찬가지가 아닐까요? 화내는 듯한 말투와 혈연, 지연을 먼저 앞세우는 강릉 사람을 이해하는 데 시간이 필요한 것은 사실입니다."

대관령이라는 높은 산 아래 살았던 지방의 오래된 폐쇄성을 인정하고 나름의 커뮤니티를 찾아서 열심히 사람들과 부대끼면서 시간을 보내다 보면 그런 벽 정도는 충분히 넘을 수 있지 않을까. 어느 지역이든 마찬가지다. 사회적 가족이란 말도 있지 않은가? 열린 마음을 갖고 있으면 시간이 해결해 줄 것이다.

강릉 책 부자의 '비닐하우스 도서관'

삶의 밑바닥에 누워 있던 시절이 있었다. 어떤 사람은 새가 새장에 갇혀 얼음 속에 들어 있는 형국이라고 했다. 나름 열심히 살고 있다고 생각했는데, 다시 바닥으로 내동댕이쳐진 채 냉엄한 심판대에 올라 있는 느낌. 곁에 사람들이 있었지만, 도대체 풀리지 않는 삶, 어디엔가 그 열쇠가 있을 것 같았다. 빌딩 숲 지하의 큰 서점을 찾아가 하루 종일 책을 뒤적였다. 책은 나에게 위로와 수면과 안정을 안겨 주었다.
강릉 여행 중 강릉의 책 부자로 소문난 네트피아의 유선기 대표를 찾았다. 유 대표는 1999년부터 문화 관광 콘텐츠, 홈페이지 제작 및

방문객을 위해 건강한 찻상을 준비 중인 유선기 대표(오른쪽)와 아내 김난정 씨.

농·산·어촌 마을 가꾸기 전문업체인 네트피아를 운영하면서 농사도 짓고 세 아이를 키우며 강릉의 역사와 인물을 연구하는, 고향을 사랑하는 강릉 사람이다.

너른 농지 한쪽엔 평생 농사일만 하신 허리 굽은 노모가 고추를 따고 있었고, 며칠 전 손으로 수확한 들깨가 그늘에서 피곤한 몸을 뉘고 있었다. 집 안쪽 깊숙한 숲속, 메타세쿼이아와 소나무가 마주보고 서 있는 곳에 '더불어 숲' 같은 힐링 장소를 만들 것이라고 했다.

비닐하우스 도서관 속엔 생각보다 훨씬 많은 책들이 높이 쌓여 있었다. 1950년대에 발간된 《사상계》, 1980년대에 발간된 《음악동아》 등 문화재급 책들이 눈에 들어왔다. 흙바닥에 놓인 책들을 보다가 문득 '책에서 싹이 나면 다시 나무가 되려나?' 하는 생각이 들었다. 유대표는 우사에 있는 책을 두 묶음씩 여기로 옮겨 주어야 집에 보내준다며 웃었다.

바질로 만든 퓌레(왼쪽)와 직접 발효시킨 효모로 만든 빵.

마음의 양식, 몸의 양식

유선기 대표는 5대 째 강릉에 살고 있다. 지금 사는 집도 100년이 넘은, 소나무로 지은 집이다. 세상일은 부엌에서 시작된다. 아내인 김난정 씨가 부엌 바로 앞쪽에 효모로 천천히 발효시킨 빵, 직접 만든 무화과잼, 치즈가 듬뿍 든 갓 카레, 마당에 지천인 바질로 만든 퓌레 등으로 상을 차려 놓았다. 서울의 가정에선 상상도 할 수 없는 메뉴다. 빵을 찍어 먹는 꿀도 어머니가 직접 만들었다고 한다.

가족들의 속옷이 어지럽게 널려 있는 빨래걸이와 키 큰 코스모스까지도 정겨운 느낌을 주었다. 식사를 하면서 시골에서 이렇게 많은 책을 모으는 이유를 물어봤다.

허균·허난설헌기념공원 솔숲의 호서장서각 터(왼쪽)와 송정해변의 예비 바다 도서관.

"책이 귀하던 어린 시절. 마을 형들이 손수레를 끌고 다니며 책을 모
아서, 이곳저곳 돌아다니며 책이 없는 아이들에게 책을 빌려주곤 했
어요. 농사일이 끝난 저녁엔 독후감을 발표하게 하고 조그만 상도 주
곤 했죠."

유 대표는 그 시절의 리어카 도서관을 떠올리며 그 문화적 혜택을
돌려주고 싶다고 했다. 그리고 강릉 바다에 누워 몸에 모래를 가득 묻
힌 채 독서에 빠진 사람들을 상상해 보기도 했다.

"바우길을 걷다가도 숲속, 어디서든 도서관에서 책을 집어 들어 삶의
지혜를 얻어 갈 수 있는 강릉을 만들고 싶습니다."

네트피아 유선기 대표의 비닐하우스 도서관.

　강릉은 유명한 인문학자를 많이 배출한 지역이다. 그 중 대표적인 인물이 바로 허균과 허난설헌이다. 유 대표는 허균, 허난설헌 선양 사업에도 열심이다. 조선 시대 개혁자였던 허균은 주변의 숱한 모함 속에서도 사신으로 중국을 다녀오면서 다양한 분야의 책을 많이 가져왔다. 유인길 강릉 부사가 서울로 돌아가면서 공적으로 활용하라고 건넨 삼(蔘)을 주고 중국에서 1만 권이 넘는 책을 강릉으로 들고 왔다. 책을 보관할 곳을 찾아 향교에 문을 두들겼으나 보수적인 유림 세력의 강력한 반대에 부딪힌다.

　결국 허균은 본인의 집 별채에 최초의 민간 도서관 격인 호서장서각을 지어서 고을의 선비들에게 책을 빌려주었다고 한다. 지금은 그 터만 전해져 온다. 유 대표는 호서장서각 복원 사업에 앞장서겠다며 열의를 불태우고 있다.

이야기가 끝나고 차에 시동을 걸려는데 적극적으로 저지한다. 아무리 어두워도 책은 옮겨 주어야 한단다. 농담인 줄 알았는데. 깜깜 밤중에 끙끙대며 조심조심 책을 날랐다. 강릉의 미래 도서관에 벽돌 하나 올려놓는 마음으로.

강릉에서 만난 두 사람 모두 아직 완전한 성과를 세상에 내놓지 못했지만, 그들의 고민과 꿈에 많은 사람들이 함께 힘을 보탰으면 하는 마음이 들었다. 조금은 무모해 보이기도 하는 새로운 삶의 형태와 도전에서 지역살이를 시도하는 우리와 같은 고민이 읽혀지기도 했다. 이번 기회에 지역살이를 함께 고민할 '비빌 언덕'을 만들어 둔 셈이다.

서울의 자동차 수만큼 소나무가 있는 곳

청량리에서 기차를 타면 상봉, 양평, 서원주, 둔내를 거쳐 두 시간이면 강릉에 닿는다. 서울의 자동차 수만큼 소나무가 있는 곳. 어느 곳에 있든 20분 내로 바다 내음을 맡을 수 있는 곳.

한가한 수요일 오후 두 시 반이면 선교장의 사랑채인 열화당 마당에 파이프오르간 연주가 울려 퍼진다. 이 음악회는 '이웃들과 정다운 이야기를 나누며 같이 즐기자'라는 목적으로 벌써 3년 넘게 계속되고 있다. 러시아 공사관에서 선물로 지어준 테라스를 바라보며 툇마루에 느긋하게 앉은 채, 제멋대로 커버린 소나무를 올려다보면서 흥겨

주변을 둘러싼 소나무 숲이 인상적인 선교장의 모습.

운 음악에 젖어 들 수 있는 곳. 손뼉을 치거나 노래를 부르거나 마음
가는대로 즐기면 된다. 옆에 앉은 모르는 사람과도 강릉의 바다와 신
선한 음식과 맑은 공기에 관해 이야기를 나눌 수 있는 곳. 이곳과 인
연을 가진 모든 사람을 보듬으며, 나눔의 미덕을 실천하는 선교장의
주인 이내번 가문의 따뜻한 마음이 전해져 온다.

　국립대관령치유의숲에 보름달이 뜨면 오로지 그 빛에 의존해 숲길
을 올라간다. 평평한 곳에 누워 산 하늘을 쳐다본다. 등밑 데크길 아
래로 계곡물이 흐르고, 바람 소리만 가득한 숲에서 소나무가 해주는
마사지를 황홀한 마음으로 즐긴다. 저 멀리 하늘에서 별 부스러기가

얼굴 위로 쏟아져 내린다. 별이 보내는 신호를 온몸으로 받아들인다. 지금까지 잘 살아왔어. 조금만 더 힘을 내서 걸어가 보자. 앞으로 일들은 걱정하지 말아. 잘되게 되어있으니까.

외지인을 위한 '이주 환대 프로젝트'

강릉에서 지역살이를 할 때 강릉문화재단 산하 '강릉시문화도시지원센터'를 잘 활용하면 큰 도움을 받을 수 있다. 센터에서는 '이주 환대 프로젝트'를 진행하고 있는데 2주 이상 강릉에 머무는 만 19세 이상 타 지역 주민에게 강릉 살이 가이드북과 투어 및 체험 기회와 함께 생활 멘토링의 기회를 제공하고 있다.

나는 체험 프로그램을 통해 구슬샘 문화창고 탐방과 샴푸바 만들기 체험을 해보았다. 올해 문을 연 구슬샘 문화창고는 옥천동의 소금 창고 공간을 재생한 것으로 1층은 전시, 회의 공간으로 대여하고 2층은 청년 작가들의 입주 작업실로 저렴하게 대여하고 있다.

제로웨이스트zero waste 플랫폼 기업인 내일협동조합에서 샴푸바 만들기 체험도 했다. 지구 생태계를 지키기 위해 자원 순환을 촉진하고 쓰레기 배출량을 줄이며 대안 물품 쓰기 운동을 펼치고 있는, 규모는 소박하지만 엄청난 일을 해내고 있는 모임이다. 매장 안에는 나무 손잡이로 만들어진 칫솔, 만능 비누로 쓸 수 있는 무환자나무 열매 껍

만능 비누로 쓸 수 있는 무환자나무 열매 껍질(왼쪽)과 직접 만든 만능 비누들.

질, 플라스틱을 배출하지 않는 천연 비누 등이 진열되어 있었다. 칫솔
이 분해되는 데 200년이 걸린다니.

특히 생활 멘토링 프로그램에 눈길이 갔다. 스마트폰에 깔아둔 '문
화도시 시나미 강릉 앱'의 사람도서관을 찾아보니 40여 명의 멘토가
있다. 해외 이민을 떠나 10년간 살다온 사람, 초등 교사, 상담사, 창
업 전문가, 작가, 독서 모임, 일반 시민들이 그들이 정보를 원하는 사
람과 나누기 위해 기다리고 있었다. 사람책에 직접 전화를 하기 전에
먼저 센터에 문의하면 대면, 비대면으로 그들과 소통할 수 있게 해준
다. 상담 같은 일부 영역의 경우 1만 원 정도 비용이 들기도 하지만 대
부분의 프로그램은 무료로 진행된다. 주택 정보, 창업 과정, 강릉의
맛집 소개, 교육, 문화, 역사 탐방 등의 관심 영역에 대해 최대 2인까
지 신청이 된다고 한다.

강릉으로 이주한 지 2년째 되는 카페 대표와 왠지 나와 같은 철학을

가졌을 것 같은 40대 여성 멘토에게 '데이트' 신청을 했다. 이렇게 강릉에서 또 하나의 커뮤니티가 생기나 보다. 설렌다. '다리 떨리기 전, 심장 떨릴 때 떠나라.'라는 신중년의 유행어가 떠올랐다.

김난도 교수의 《트렌드코리아 2022》를 보면 새로운 라이프스타일 트렌드로 러스틱라이프rustic life 라는 용어가 등장한다. 러스틱이란 단어의 의미 그대로 '시골 특유의, 소박한 삶'이라는 뜻이다. 러스틱 라이프를 위해 첫째, 그곳으로 여행 가보기. 둘째, 머무르면서 일상을 살아보기. 셋째, 자리잡기, 넷째 자기만의 스타일로 살아가기를 제안한다. 이삼십 대의 젊은이들은 벌써 5도 2촌, 4도 3촌의 경험을 일상화하고 있다.

물고기는 강물을 떠나야 바다를 만날 수 있고, 개구리는 우물을 떠나야 드넓은 하늘을 만날 수 있다. 더 이상 망설이거나 계획하지 말자. 미국의 작가 토니 모리슨은 이런 말을 했다.

"당신이 정말로 읽고 싶은 책이 아직 쓰이지 않았다면 그것을 써야할 사람은 바로 당신이다."

사람도서관에서 사람책을 빌릴 수도 있고, 당신이 바로 사람책이될 수도 있다. 그리고 다른 누군가의 비빌 언덕이 되어 줄 수 있는 곳. 그곳이 강릉이다.

짧은 탐색 여행을 끝내고, 송정 바닷가 근처에서 한 달 살이에 들어

갔다. 지갑 속 '강릉페이'가 필수품이 되었다. 나도 내가 강릉과 어떤 인연을 계속 이어갈지 아직은 알 수 없지만, 일단 소나무의 허락을 받아 동쪽 바다와 좀 더 친하게 지내고 싶다. 또 하나 꼭 하고 싶은 것은 허난설헌, 그리고 신사임당과 사람책을 맺고 싶다. 조선 시대 여자들과 떠는 수다는 어떨지 너무너무 궁금해진다. 같이 살아봐요. 강릉.

강릉 살이의 필수품, 강릉페이.

류순이

'만나는 사람 누구에게나 하나라도 배우자'는 것을 일생의 모토로 삼아 왔다. 공공기관에서 정년퇴직 후 3년 차, 새로운 것을 알아가는 재미에 빠져 배움을 취미처럼 즐기고 있다. 인생 후반기는 재능 기부도 하면서 즐겁게 살고 싶다. '서울 중구알림-e', '50+전문사회공헌단(SNS사업단)'에서 활동하고 있다.

날마다 강릉에 있고 싶다

엄마가 우리 엄마라서 너무 좋아요

나에게도 인생 이모작이 시작되었다. 3년 전 정년퇴직 때까지의 인생 일모작을 돌아보니 참 열정적으로 직장생활을 했던 것 같다. 직무를 가장 우선시하다 보니 가족들에게 소홀한 점이 많았다. 특히 아이들에게 미안했다. 둘째 아이 수능 전날엔 자정 가까이 퇴근해서 혹시라도 늦잠 잘까 봐 그 시간에 전복죽을 끓여 보온통에 담아 놓았다가 아침에 들려 보냈다.

수능을 응원한다고 학교 앞까지 따라가거나 연가를 낸다는 것은 상상조차 할 수 없었다. 그렇게 자란 아이들이 퇴직 며칠 전 사무실로 찾아왔다. 뜻밖의 방문에 놀라는 내게 상장 케이스에 담긴 공로장과 꽃다발을 내밀었다.

"그동안 수고하셨어요. 엄마가 우리 엄마라서 너무 좋아요."

평생 들었던 어떤 좋은 말보다도 좋았다. 내 인생에서 가장 감동적인 순간이었다.

퇴직하고 시간이 여유로워지자 여행을 다니고, 친구들과 영화를 보거나 핫플레이스를 찾아다니며 수다를 떨었고, 안부를 챙겨주는 선후배와 퇴직자들을 만나 근황을 들었다. 그럴 때면 간간이 지역살이가 화제가 되기도 했다. 나 역시 귀촌을 꿈꾸고 있었기에 솔깃해서 대화에 집중하게 되었다.

노후에는 공기 좋은 곳에서 살아야 한다고 말하지만 다들 어디서 어떻게 시작할지 구체적인 계획은 세우지 못했다. 나처럼 지방에 내려가서 작은 집 짓고 텃밭이나 일구며 살고 싶다는 사람도 있고, 서울을 떠나고는 싶지만 타지에 가서 무슨 일을 하고 살아야 할지 몰라 망설인다는 사람도 있었다. 당장이라도 떠나고 싶지만 배우자가 반대해서 실행을 하지 못한다고도 했다.

나는 귀촌을 하더라도 일이나 활동거리는 있어야 할 것 같아서 그동안 '친환경 도시 농업 시작하기', '결혼 이주 여성을 돕는 학습 지원 활동가 되기', '어촌 살이 캠프' 등의 교육을 이수했다. 이미 가지고 있던 '사회 복지사', '외국어로서의 한국어 교원' 자격과 연계하면 어느 지역에 가더라도 활동거리를 찾을 수 있겠다 싶어 미리 준비하는 마음으로 받은 교육이지만 막연하기는 마찬가지였다.

떠나기 좋아하는 나에게 찾아온 '강릉에서 살아보기' 여행은 지역의 내면을 살펴볼 수 있는 좋은 기회였다. 강릉은 관광으로 여러 번 다녀온 적이 있지만 이번 여행은 강릉에 먼저 정착하고 있는 '사람책'을 통해서 일과 활동거리를 찾기 위한 여행이라 더욱 의미가 특별했다.

강릉은 골골이 다 명소다

강릉 여행은 '국립대관령치유의숲'에서 시작했다. 치유의숲길을 시나미 걸으며 명품 소나무들이 뿜어주는 솔향을 흠뻑 마신 후 강릉시청 관계자들과 대화의 시간을 가졌다. 강릉시청 최형호 미래성장지원단장, 장동수 미래성장과 과장, 이화정 계장이 자리를 함께 해주었다. 시의회 보고 기간 중인데다 퇴근 이후의 시간인데도 강릉을 찾은 외지인들을 위해 이렇게 자리를 마련해준 것이 무척이나 고마웠다.

"전 세계 어디를 가도 한 도시 출신의 모자(母子)가 모두 그 나라 화폐
에 등장하는 도시는 강릉 밖에 없습니다."

최형호 단장은 한국조폐공사의 '전속모델'인 신사임당과 율곡의 이야기로 강릉에 대한 소개를 시작했다. 전통 문화 예술 도시로서 강릉에 대한 자긍심이 무척 높아 보였다. 강릉시는 문화도시와 관광단지

강릉시청 최형호 미래성장지원단장이 강릉에 대한 소개를 하고 있다.

조성, 올림픽 특구 개발로 남북 철도(강릉—재진) 개발을 추진하고 있으며 세계합창대회와 동계청소년올림픽 준비, ITS 세계총회 유치 등으로 무척 분주한 상태였다.

강릉시는 문화체육관광부 관광거점도시와 문화도시, 국토교통부의 스마트시티챌린지 사업, 환경부 스마트그린도시에 선정된 것을 계기로 기업 유치와 일자리 창출로 경제 도시를 실현하는 것을 시정 목표의 우선순위로 하고 있으며 각 과에 흩어진 사업을 한 곳으로 모아 탄력적이고 효율적으로 추진할 수 있도록 미래성장지원단을 만들었다.

강릉은 설레고 있었지만 한편으로는 고민도 깊어 보였다. 특히 노령 인구의 증가는 강릉도 피해가지 못하는 절박한 문제였다. 30~40대 젊은이들이 춘천, 대전, 서울 등에서 유입되고 있지만, 청년 일자

스마트 도시 꿈꾸는 청정 도시 강릉

2021년 강릉시 역점 시책을 들으며 청정 도시 강릉을 더욱 품격있고 살기 좋은 도시로 만들어가고 있다는 것을 알 수 있었다. 공공 디자인 사업으로 획일적이고 전형적인 디자인을 개선해서 도시 전체를 예술적이고 전문적으로 바꾸어 가고 있다.

스마트시티챌린지 사업은 빅데이터를 기반으로 소상공인 점포 디지털화를 추진하여 소상공인과 관광객을 이어주는 관광 교통 플랫폼 구축을 의미한다. 킥보드, 전기자전거, 상용전기차를 활용하고 교통, 음식, 예약까지 한군데서 하는 휘파인패스를 통해 골목골목 지역 상권을 활성화한다. 여행자들은 스마트한 강릉 여행이 가능하다.

강릉 허브거점단지도 조성 중에 있다. 새로운 산업단지를 만들 때 화석연료 대신 저탄소 허브 에너지를 사용할 수 있도록 별도의 기관을 만들어서 기업의 에너지에 대한 부담을 줄일 수 있게 도와주는 사업이다. 그밖에 국토부, 국토연구소, 강릉시가 협의하여 2027년까지 기차 전국망, 철도의 중심지(부산-강릉) 등 국가산업단지로 구상하여 준비하는 과정에 있다.

리 역시 턱없이 부족한 상황이다. 장동수 과장은 "탄소배출, 환경문제도 있지만 청년 일자리를 생각할 때 국가산업단지 연관 기업들을 유치할 수밖에 없다."고 덧붙였다.

문화도시 조성을 담당하고 있는 이화정 계장은 "올림픽을 치른 유명세를 더해 연 3,200만 명의 관광객이 찾아오지만 여전히 강릉이라는 브랜드는 약한 편"이라며 "서울, 부산, 제주처럼 브랜드 가치를 높이고 외국인 관광객을 유치하기 위해 힘쓰고 있다."고 말했다.

강릉은 지리적 특성으로 인해 다른 지역에 비해서 겨울엔 따뜻하고 봄엔 추운 편이다. 이 때문에 졸업, 입학 시즌을 눈과 함께 보낼 수 있다는 특징이 있다. 또 언제봐도 안정감을 주는 산이 있고, 같은 장소에서 사진을 찍어도 똑같은 사진이 하나도 없는 바다가 있다. 그때그때 달라지는 강릉을 제대로 느끼려면 적어도 3년은 살아봐야 한다고 말한다.

최형호 단장은 "강릉의 보물 같은 바다와 문화, 산업, 환경 부분을 조화롭게 지켜나가고 발전시켜서 후손에게 잘 물려줄 수 있도록 노력하겠다."고 말하며 마지막 굵은 한마디로 만남을 마무리했다.

"강릉은 골골이 다 명소입니다."

신선이 사는, 산 속의 숨은 집

강릉시 왕산면에 위치한 왕산골 마을. 이름에서부터 산골 냄새가 물씬 풍긴다. 산골이지만 주변 3킬로미터 내에 130가구가 거주하고 있을 정도로 제법 큰 마을이다. 이 마을에 20년 전 귀농한 권우태, 김애순 부부가 농사를 지으며 펜션 왕산골한옥을 운영하고 있다.

왕산골한옥 주인장인 권우태 씨는 강릉농업평생학습대학에서 농촌관광 과정과 친환경농업 과정을 공부한 후 강릉농촌관광협회장을

왕산골한옥의 담장 아래 핀 가을 꽃들을 보니 어릴 적 살던 마당 넓은 옛날 시골 집이 떠올랐다.

10년째 맡고 있으며 농업기술센터에서 6년 동안 강의도 했다. 지역을 위해 여러 감투를 많이 쓰다 보니 이런 저런 모임이나 단체의 '회장'도 많이 맡았다. 그런 활동 덕분에 지역에서는 '회장'이라는 호칭이 익숙하다.

왕산골한옥에 처음 들어섰을 때 마당에 서 있는 소나무 한 그루와 백일홍, 마당가 담장 아래 피어 있는 가을 꽃들을 보니 어릴 적 마당 넓은 집에 살던 익숙한 느낌이 들었다. 우리를 맞아주는 부부의 표정에서 문득 '휘게Hygge'를 떠올렸다. 휘게는 아늑하고 기분 좋은 상태를 뜻하는 덴마크어다.

왕산골한옥은 건평 148제곱미터 규모에 ㄷ자 모양으로 방 4개가 있는 기와집이다. 깔끔하고 튼튼해 보였다. 귀농하면서 당시 살고 있던 서울 집보다는 넓게 살아야겠다는 생각에 집을 크게 지었다고 한다. 방문과 창문은 이중문으로 달았고, 문짝을 끼워 달기 위해 문의 양쪽에 세우는 문설주와 문설주의 위와 아래를 가로지르는 상방과 하방은 최소한 6년 이상 묵은 나무를 켜서 사용했다. 기둥은 통나무 반을 잘라 요철 모양으로 켠 다음 맞붙여서 바람의 통로를 차단하도록 했다. 그래서인지 쌀쌀한 날씨였음에도 방에는 웃풍 하나 없이 따뜻했다.

권 회장은 귀농을 생각하며 진작부터 한옥 공부를 해두었다고 한다. 강릉 3대 대목 중 한 사람으로부터 목재를 깎고 다듬는 치목(治木)을 배우고 전국에 있는 한옥을 찾아다니며 보고 배웠다. 그렇게 쌓은 안목으로 직접 집을 설계해서 지었다. '신선이 사는, 산에 숨은 집'이라는 뜻을 담아 '영은재(瀛隱齋)'라고 이름 짓고 나무 현판을 달았다. 2003년, 7개월 만에 완공한 집은 18년이 지난 지금도 새집 같았다.

집 앞 2차선 도로를 건너면 맑은 물이 흐르는 계곡을 즐길 수 있고, 둘러싸인 산과 밭에서 계절의 변화를 느끼기 좋은 곳, 왕산 8경을 감상하며 가다 보면 안반데기에 닿는다.

부부의 고향은 강릉이다. 남편은 시골, 부인은 시내에 살았다. 농사를 직접 지어보진 않았지만, 남편은 언젠가는 고향에 가서 한옥을 짓고 농사를 하겠다는 꿈이 있었다. 기회는 우연히 찾아왔다. 1994년 어느 날 고향 이웃의 지인으로부터 땅을 소개받고 2,000평이나 되는 이 땅을 덜컥 사버렸다. 그 덕분에 퇴직 후 자연스럽게 귀농으로

왕산골한옥은 건평 148제곱미터 규모에 ㄷ자 모양으로 방 4개가 있는 기와집으로 한옥 펜션으로도 운영되고 있다.

이어졌다.

처음부터 펜션을 하려고 지은 집은 아니었다. 집을 짓고 나니 사람들이 다녀갔다. 한결같이 혼자 즐기지 말고 같이 즐기자고 했다. 그것도 좋을 것 같아 방마다 화장실과 취사공간을 넣어 개조했다.

한옥은 관리에 어려움이 많다. 일주일만 비워두면 거미줄이 처져 있을 정도다. 계속 손을 봐야 하지만, 지역의 막내 목수가 70대란다. 운영 관리 표준화를 해야겠다 싶어 매뉴얼을 만들어 관리하고 있다. 한 명이 오든 스무 명이 오든 한 팀에게만 집을 빌려주는 것도 왕산골 한옥 펜션의 독특한 운영 방법이다. 침구 관리는 부인의 몫이다. 하얀 이불 홑청과 수건은 삶은 빨래를 해서 손님들에게 내놓고 있다.

농사를 좋아하는 남편과 달리 부인은 농사가 힘들었다. 그만두고 싶은 마음이 생길 때마다 마음을 잡아준 것은 한옥이었다.

한옥 주위에 있는 밭에서 농사를 짓는다. 마침 직접 기른 들깨나무를 털고 있었다. 일일이 두들겨 털어야 한다고 했다. 부부가 털고 있는 들깨 단의 양을 보니 만만치 않은 농사란 걸 알 수 있었다. 옆에는 개두릅밭이 있다. 농사만 1,500평을 짓는다. 어린 시절에 보았던 농사를 생각하고 처음에는 콩을 심어 6가마를 수확했다.

도리깨질로 타작을 했는데 예상 외로 판매가 어려웠다. 반은 메주로 팔고 반은 장을 담갔는데 메주를 쑤어서 옛날식으로 새끼로 묶은 메주를 470장이나 만들었다. 지금 생각하면 그걸 어떻게 했을까 싶을 정도로 힘든 일이었다.

농사 중에서 가장 힘든 것은 고추 농사다. 유기농으로 짓기 때문에

한옥 주위에 있는 밭에서 농사를 짓는다. 말린 들깨나무를 두들겨 들깨를 터는 모습(왼쪽). 마당에서 빨갛게 익은 태양초 고추를 말리고 있다(오른쪽).

풀 메고 벌레 잡고 빨갛게 익으면 따서 깨끗이 닦아 마당에서 태양초로 말린 후 빻는 과정을 거쳐야 고춧가루가 된다.

농사가 너무 많고 힘들지만 빤히 보이는 밭을 보고 안 할 수가 없었다. 그렇게 하다 보니 부인도 농사가 좋아졌다. 지인들에게 고구마 한 상자나 고춧가루를 보냈을 때 좋아하는 모습에 그 힘들었던 과정들이 모두 사라진다고 했다.

농사를 좋아하게 되기까지 우여곡절도 많았다. 시골 생활을 좋아했는데 생각과 너무 달랐다. 강릉에 친구가 없다 보니 이방인 같을 때도 많았다. 서울에서 가끔 찾아오는 지인들은 부러워했지만 현실은 꼭 그렇지 않았다. 일이 힘에 부쳤다. 풀을 뽑다가도 팽개치고 서울로 가고 싶을 때가 많았다. 탈출구가 필요할 때마다 서울 집을 정리하지 않은 것이 얼마나 잘한 일이었는지 깨달았다.

위기도 있었다. 6시간 걸린 허리 수술을 마치고 5년의 재활 치료와 7년의 요가 치료를 병행할 때 남편이 무수리처럼 해주는 병간호를 받았다. 70년 동안 듣도 보도 못한 일들을 겪게 되었을 때는 호밋자루 팽개치고 발 벗고 나서서 남편을 도왔다. 어려운 일은 시간이 해결해 주었다. '멋있게 살자, 후회 없이 살자.' 다짐하며 살다 보면 감사할 일이 너무 많다. 그런데도 농촌 살이는 잘 생각해봐야 한다고 조언한다.

손주들 크는 걸 보며 신선한 먹거리를 제공하는 것도 큰 보람이다. 체력 때문에 그만하고 싶어도 그럴 수가 없다. 지금 농촌은 고령화로 농사 지을 사람이 없다. 우리나라 농촌의 현실이다. 그래도 서로 같은 곳을 바라볼 수 있기에 무척 행복해 보였다.

　어느 날 집 앞을 지나가던 강릉시청 공무원의 제안으로 강릉시 제 1호 농촌진흥교육농장을 만들었다. 한옥, 서예, 생태 체험 활동을 하고 있다. 개구리, 올챙이, 잠자리와 각종 벌레들을 직접 보면서 배우는 생태 체험이 인기다. 처음에는 초·중·고 학생들이 대상이었는데 학부모들의 요청으로 일반인도 참가할 수 있도록 했다. 어른들에게 이런 활동이 필요할까 싶었는데 콩인지 들깨인지 서로 내기를 하다가 옥신각신하는 모습을 보면서 체험의 필요성을 느꼈다고 한다. 우리 일행 중 한 사람도 마트에서 빨간 고추와 파란 고추를 따로 포장해서 팔기 때문에 두 종류의 고추가 같은 나무에서 열리는 줄 모르고 있었다고 해서 모두가 한참을 웃었다.

CEO 출신 이장, 왕산골 마을을 경영하다

　권 회장은 CEO로 직장생활을 마칠 때까지 마케팅 업무를 주로 담당했다. 유통 기획, 광고 판촉, 가격 결정, 고객 관리 등 직장생활을 하면서 다진 마케팅 업무 경험이 왕산골 마을 이장을 하면서 빛을 발했다. 돈이 되는 마을로 바꾸기 위해서는 마을을 마케팅화 할 수밖에 없었다. 4~5년간 줄기차게 노력했다.

　먼저 왕산리라는 지명을 '왕산골'이라는 브랜드로 만들었다. 왜 마

왕산골한옥의 주인장인 권우태(오른쪽), 김애순 부부.

을을 더 촌으로 만드냐고 반대하는 주민들도 있었지만 토론을 통해
설득했다. 왕산골의 경치 중 8개를 골라 '왕산골 8경'을 만들고 8경에
전설을 만들어서 보탰다. 그는 '전설'을 만든 이장이 되었다. 언론에
기사가 나가자 찾아오는 사람들이 많았다. 50년쯤 지나면 이런 이야
기들이 전설이 될 것으로 생각했지만 10년도 지나지 않아 진짜 전설
이 되었다.

강릉시 '참 살기 좋은 마을 가꾸기' 주민 공모에 '왕산골 8경 관광명
소 조성사업'을 신청, 선정되면서 받은 자금으로 마을의 길을 내고 이
정표도 세웠다. 연말에는 최우수 평가를 받아 또 다시 받은 상금으로
는 구부러진 마을 길을 직선으로 바꾸고 새로 생긴 부지에 공원을 만
들기도 했다.

기자들이 엄청나게 찾아왔다. CEO 출신이 마을 이장을 하고 있다

는 특이한 이력을 앞다투어 기사화했다. 언론에 소개되고 유명해지는 바람에 부작용도 있었고 마음 아픈 일도 겪었다. 지역 사회를 사랑하는 마음이 없었다면 쉽게 실행하지 못했을 일이었다. 그는 CEO 출신 이장답게 "마을은 만드는 것이 아니라 경영하는 것이다."라고 말하며 마을 경영의 의지를 보였다.

개두릅 브랜드화에도 앞장섰다. 강릉개두릅생산자협회 영농조합법인 대표를 맡아 상표등록을 하고 CI를 개발했다. 최초로 개두릅을 브랜드화한 지도 12년째다. 당시 1킬로그램에 4,000원이던 개두릅이 지금은 2만 5,000원에도 없어서 못 판다고 한다.

지역 어른의 권유로 2012년에는 향교에 입문했다. 향교는 요즘으로 치면 지방에 있는 국립학교인 셈인데 특히 강릉향교는 고려 말에 설립돼, 공자를 포함한 5성과 18선현 등 유학자 136위의 위패를 봉안

권우태 회장이 직접 선정하고 스토리까지 만든 왕산골 8경.

하고 있다. 그 때문에 문화혁명 때 파괴된 유교 제례의 원형을 찾기 위해 중국 사람들이 배우러 올 정도라고 한다. 또한 장수향교, 나주향교와 더불어 우리나라 3대 향교로 꼽히며 강원도 유형문화재 제99호로 지정되어 있다. 옛날에는 제사를 매일 지냈으며 지금도 공자님을 위한 대제인 석전대제를 봄, 가을에 한번 씩, 연 2회 지내고 있으며 매월 초하루와 보름에는 삭망분향례를 지내고 있다고 한다.

강릉향교에는 1,000여 명의 회원이 있으며 회원 중에는 90대도 있다. 60대가 넘으면 어딜 가도 뒷방 늙은이 같은 대접을 받는 것 같아서 점점 가는 곳이 줄어들지만 향교는 나이 제한이 없어 오래 다닐 수 있고 늙어갈수록 환영받는다고 한다.

권 회장은 아내로부터 "향교에 안 갔으면 어쩔 뻔했느냐?"는 말을 들을 정도로 열심히 활동하고 있다. 강릉향교에는 신중년에게도 의미 있는 일·활동거리가 많다. 신중년의 일과 활동거리가 반드시 수입이 생기는 일만을 의미하는 것은 아닐 것이다. 이런 점에서 강릉향교가 고령화되어가는 지역 사회에 미치는 영향은 크다고 볼 수 있다.

귀농의 조건, '전부 지고지순한 사랑'

권우태 회장은 지역살이를 계획할 때부터 배우자의 승낙을 받고 준비하는 것이 우선이라고 한다. 배우자야말로 든든한 보험 같은 존재가 아닐까? 보유 자산을 올인하지 말라고도 조언했다. 여의치 않을 때는 돌아갈 곳이 있어야 하기 때문이다. 거주 희망지를 자세히 분석해서 자연, 교통, 문화, 인연 등을 미리 탐색해 보는 것이 좋고 땅을 살 때는 내가 봐서 좋은 곳이 아니라 현장 답사와 현지인의 이야기를 들어보고 사는 것이 좋다고 했다. 취미나 즐길 거리를 미리 익혀 놓고. 이웃과 소통하며. 재능 기부가 가능한 분야가 있는지 타진해보는 것도 필요하다고 조언했다. 또 먼저 지역에 적응한 후에 농작물을 재배하라고 권한다. 한마디, 한마디가 다 살아 있는 생생한 조언들이다. 권 회장은 귀농 후 지역 주민이 빨리 되는 방법에 대한 질문에 '전부 지고지순한 사랑'이라는 멋진 말로 대답을 해주었다.

전원 생활 꿈꾸며 무작정 귀농·귀촌은 금물이다.

부지런하면 모든 것이 용서된다.

지역 전통과 문화를 공부해라.

고자질·고발·진정 같은 것은 하지 마라.

지는 것이 이기는 것이다.

순수한 마음을 유지해라. 가능한 나대지 마라.

한 번 참여하면 끝까지 참여해라.

사회에서 배운 재주가 있다면 마을을 위해 재능 기부해라.

낭(浪)만적인 전원 생활은 없다. 그냥 주거 생활이다.

왕산골한옥에서 김애순 씨(오른쪽)와 함께. 이미 좋은 이웃을 얻었다. 사진 왼쪽이 필자.

　지역살이를 하고 싶다면 계획만 세우지 말고 짧은 기간이라도 일단 실행을 해보라고 권한다. 삶의 터전이 될 곳에서 봉사를 하다 보면 길이 보일 것이란다. 어쩌면 지역살이는 그동안의 축적된 경험과 재능을 발휘할 절호의 기회가 될지도 모르겠다는 생각이 들었다. 먼저 여행처럼 지역살이를 시작해 보면 어떨까.

귀농한다면 농사 지식이 최우선

　강릉은 어느 지역보다도 농사 지을 땅이 많다. 귀농귀촌종합센터의 자료에 따르면 강릉으로 귀농한 인구는 2019년 기준 201명이나 된다.

귀촌인구(358명) 보다는 작지만, 귀농은 그 자체가 비즈니스이기 때문에 비중이 크다고 볼 수 있다.

귀농을 위한 정보를 수집하면서 강릉시청 귀농 업무 담당 직원에게 귀농인이 가장 먼저 준비해야 할 것이 무엇인지 물었다. 담당 직원은 서슴지 않고 농사에 대한 지식이라고 대답했다. 다른 부분은 지자체의 도움을 받아서 해결할 수도 있겠지만 농사는 자기 사업이고, 수익 구조를 염두에 두어야 하므로 귀농을 결심했다면 지역에 맞는 작목 공부부터 해두라고 권했다. 아무리 수익성 높은 작물이라도 기후가 맞지 않으면 성공하기 어렵기 때문이다.

농지가 없는 사람도 농사를 지을 수 있다. 1,000제곱미터 이상의 농지를 임차 형태로 경영체 등록을 하면 농업인으로 인정받아 농사를 지을 수 있다. 농지를 직접 소유하지 않고도 지역에 있는 공유 농지를 빌릴 수 있다.

귀농귀촌종합센터에서는 귀농·귀촌 기본교육, 농업 일자리 탐색 교육, 농업 일자리 체험 교육, 귀농·귀촌 심화 교육 등 귀농 교육을 연중 실시하고 있다. 농촌에서 살아보기 프로그램도 운영하고 있다. 필요한 교육을 이수하면서 강릉시의 귀농 지원 정책을 미리 알아두는 것도 좋을 것이다.

강릉시에서는 귀농귀촌센터 역할을 시청 농정과에서 담당하고 있으며 귀농인에게 영농 초기 부담을 완화하고 안정적 정착을 돕기 위해 정착 지원금과 주택 구입 자금을 지원하고 있다. 유통지원과에서

강릉 명품 소나무의 싱큼한 향을 느끼며 "날마다 강릉에 있고 싶다."라는 말이 나도 모르게 새어 나왔다.

는 귀농을 위한 영농 기초 기술 교육을 맡고 있다. 귀농보다는 자연에서 살고 싶은 마음에 귀촌하는 사람들이 늘고 있지만 농업인이 아니면 지원 정책의 대상이 되지 않는다.

강릉시문화도시지원센터에서는 귀촌인이 즐길 수 있는 신중년을 위한 프로그램을 많이 운영하고 있다. 전문성과 경력을 살려 사회공헌이나 미래준비형 일과 활동거리를 찾아 새로운 도전을 한다면 농어촌에서도 인생 2막을 얼마든지 보람있게 보낼 수 있을 것이다.

"노후에 일 없으면 농사나 짓지, 뭐."하면서 무작정 귀농을 생각하는 사람이 있다. 그러나 이제는 농사도 기계화, 과학화가 되어 있어 준비 없이 귀농한다면 낭패를 보기 쉽다.

어린 시절 누에치기하는 시기에는 항상 비가 왔다. 뽕잎만 먹고 자라는 누에는 줄기차게 뽕잎을 먹어댔다. 누에가 뽕잎을 갉아 먹는 소리는 영락없이 비 내리는 소리였다. 아침에는 소낙비 소리에 놀라 잠에서 깨기도 했다. 딸기 철과 맞물려 눈코 뜰 새 없이 바쁜 농촌의 아침, 엄마가 누에 밥 주고 딸기밭에 가면서 해놓고 간 가마솥 밥으로 도시락을 싸서 학교에 갔다. 딸기 농사나 누에치기 모두 쏠쏠한 농가의 부업이지만 온 식구들이 손을 보태야 가능한 일이었다. 봄과 초여름에 다 키운 누에고치를 매상하거나 가을 추수철에 쌀을 매상할 때는 해마다 달라지는 가격에 부모님의 한숨 소리를 듣기도 했다. 그러나 할머니가 만들어 준 번데기의 고소한 맛이 먼저 생각나는 걸 보면 은근히 농경 사회를 동경하고 있는지도 모르겠다. 지역살이 공부를 열심히 하는 것도 우연은 아닌가 보다.

강릉에서는 신중년이라는 단어가 아직 낯설다. 그 낯섦이 신중년에게는 더 유리하게 작용할지도 모르겠다는 생각이 들었다. 굳이 세대 격차를 두지 않겠다는 좋은 뜻으로 받아들이고 싶었다.

"위대한 시민에게 자부심 가득한 미래를 약속한다."는 슬로건처럼 강릉에 오는 모든 이주민을 차별 없이 대해 준다면 더욱 활기찬 도시로 변모할 수 있을 거라 믿어 의심치 않는다.

강릉 어디를 가든 맵시 있는 자태를 뽐내던 명품 소나무들이 눈에 아른거린다. 숨을 깊이 들이마셔 본다. 상큼한 솔향을 느끼며 "날마다 강릉에 있고 싶다."라는 말이 나도 모르게 새어 나왔다.

이춘영

100세 시대 절반만큼 인생 창고가 쌓이지 않아 아쉬운 사람이다. 넓고 얇게 아는 것만 많아 어느 한곳에 뿌리내리며 성장하지 못했다. 정체성 확립이 안 된 '어른 아이'가 되었다. 말년 운은 좋아야 한다는 명리계의 조언에 따라 봉사로 활약하고 싶다. 20여년간 한 회사에 재 직했고 탈서울 지역살이를 살피는 중이며 인생 시즌2에 걸맞은 변속기를 준비하고 있다.

파랑달협동조합·더웨이브컴퍼니

강릉의 라이프스타일을 팔다

익숙한 것, 낯설게 보기

서울 중랑구 신내동에서 강남구 논현동을 오가는 시내버스. 처갓집과 우리 집을 오가는 버스이기도 하다. 어느 날, 버스에서 내리려고 교통카드를 주섬주섬 꺼내다 문득 버스 천장에 매달린 손잡이에 눈길이 갔다. 올려다보니 손잡이의 색깔이 무려 네 종류다. 평소 관심을 갖고 본 적이 없어서 버스 손잡이의 색깔이 이렇게 다양하다는 것을 처음 알았다. 붉은색, 초록색, 청색, 노란색, 네 가지 색깔들.

"익숙한 것을 낯설게 보고 익숙한 것으로부터의 결별을 시도해 보세요."

강릉 여행을 떠나기 며칠 전이었다. 여행 전 교육 시간에 강사로 나섰던 패스파인더 김만희 대표의 이야기가 떠올랐다. 한 가지 색으로 통일되어 있어야 할 것 같은 익숙함에서 벗어난 낯설음이었을까. 하지만 충분히 받아들일 만한 이질감이었고 기분 좋은 생소함이었다.

강릉은 내게 여러 가지 모습으로 다가왔다. 익숙함, 익숙하지만 낯설음, 낯설지만 익숙함, 낯설음. 하지만 나는 처음부터 모든 것을 낯선 것으로 간주하겠다고 마음먹었다. 애초부터 모른다고 가정하면 오히려 알게 되고 많이 흡수할 수 있을 것이다. 지금껏 살아온 틀에 내 미래의 삶을 이어 붙인다면 후회할지도 모르겠다는 불안감이 부쩍 커지는 요즘이다. 작은 변화도 좋고 소소한 일탈이라면 더 좋다. 한번 가보는 거다.

여행 준비를 위한 강의에 참석하면서 가벼운 긴장으로 어리버리 눈치를 볼 즈음 '신중년'이라는 어감 좋은 낱말이 귀에 들어왔다. 신중년, 자기 자신을 가꾸고 인생을 행복하게 살기 위해 노력하며 젊게 생활하는 중년을 이르는 말이라고 한다. 서울시 전체 인구의 23퍼센트를 차지하는 큰 규모의 인구 집단이지만 복지 정책의 사각지대에 놓여 있어 정책 지원 대상인 동시에 사회적 기여가 가능한 세대라고 한다. 도움을 주기도 하고 보살핌을 받기도 해야 하는 세대. '신중년'이라는 알쏭달쏭한 타이틀을 달고 두렵고도 설레는 마음으로 새로운 것을 찾아 여행에 나선다. 떠날 준비는 모두 끝났다. 자, 그럼 잘생긴 부처님을 알현해 보자. 부처핸섬(Put your hands up)!

'질풍노도'란 젊음의 전유물이 아니다

강릉 여행을 앞두고 여행이 주는 세 가지 유익함을 떠올리며 두근 거렸다. 타향에 대한 지식, 고향에 대한 애착, 자신에 대한 발견이다. 게으름 덕분에 얻은 건 지방(脂肪)이고 잃은 건 근손실(筋損失)뿐인 야외 활동 무관심자로서 오랜만의 외유는 나의 잠든 설렘을 깨웠다. 더군다나 산 좋고 물 좋다는 강릉아닌가.

"지금 이 나이에 두근거리면 부정맥이야."

중년들이 자주하는 우스갯소리다. 자조적으로 받아들이기에는 슬 며시 저항감이 든다. 오십이 넘어도 우리는 제법 건강하거니와 퍼덕 퍼덕 활어같은 과잉 체력자도 있다. 공자께서 말씀하신 10년 생애 주기의 정의에 대해서도 살짝 의혹의 시선을 보낸다. 사십을 사물의 이치를 알고 세상일에 흔들리지 않는 나이라 하여 불혹(不惑)이라 하지만 나는 늘 귀가 얇았고 흔들렸다.

질풍노도의 어수선함은 젊은이들만의 전유물이 아니다. 깨우침이 없으면 나이를 먹어도 헤멘다. 생면부지의 사람들과 함께 하는 여행이지만 낯가림은 버리고 어깨 걸고 함께 가고 싶다. 먹어봐야 맛을 알고 다녀와봐야 그곳을 아는 법이다.

"진정 책을 읽고 싶다면 사막이나 사람의 왕래가 잦은 거리에서 읽을 수 있고 나무꾼이나 목동이 되어서도 읽을 수 있다. 뜻이 없다면 조용한 시골이나 신선이 사는 섬이라 할지라도 책 읽기에 적당치 않은 것이다."

중국의 사상가 증국번(1811~1872)의 말이다. '책'이라는 낱말이 들어간 자리에 다른 낱말들을 넣어본다. 귀농, 귀촌, 낙향, 지역 살아보기, 인생 이모작, 자기계발, 운동, 금연, 금주, 인간 관계, 창업, 여행. 그 어떤 낱말을 넣는다고 해도 진정 중요한 것은 자신의 뜻, 의지다. 강릉에 간다는 것은 새로운 삶을 위한 나만의 작은 동기를 찾는 일이다. 남의 눈에는 작은 걸음처럼 보일지 모르지만 나에게는 커다란 한 걸음이다.

강릉 여행을 통해서 이 지역의 자연, 문화와 함께 먹고 사는 현실적 삶의 조건에 대해서도 관심을 갖고 살펴보기로 했다. 경제 활동을 하면서 사회적 가치와 공존을 모색하는 지역 기업가와의 만남은 설레면서도 부담스러운 일이었다. 효율과 수익, 혹은 사회적 가치를 묻는 것이 상대를 곤혹스럽게 한다면 어떻게 할 것인가. 모든 세대가 똑같이 얼어붙은 고용 환경 속에서 유독 신중년만 뚫고 들어갈 여지를 살피는 것도 쉽지 않은 일이다.

명주동 골목을 시간여행하다

    강릉 중앙시장에서 든든한 소고기 국밥 한 그릇으로 차가운 몸을 녹이고 명주동 골목 나들이에 나섰다. 예측 불허한 날씨의 대변신을 톡톡히 맛본 날이다. 두 시간도 채 되지 않는 짧은 시간 동안 비, 바람, 우박, 구름, 대형 무지개가 액션 활극처럼 펼쳐졌다. 내로라하는 헐리우드의 특수 촬영팀이 오더라도 이런 대자연의 스펙터클한 연출은 불가능할 것이라는 생각이 들었다.

    초대형 무지개로 대자연의 액션 활극을 마무리하고 "끝이 좋으면 다 좋다."라며 서로를 위안해 준다. 오히려 두고두고 우리들의 입에 오르내릴 멋진 여행 무용담을 제공해 준 것에 대해 감사했다.

변화무쌍했던 강릉의 날씨, 비, 바람, 우박, 구름, 대형 무지개가 액션 활극처럼 펼쳐졌다.

명주동의 좁은 골목에는 작고 나즈막한 주택들과 감성적인 카페, 가게들이 가득했다.

명주동은 오래된 '젊은' 동네였다. 마치 서울의 북촌처럼 좁은 골목 골목마다 감성 가득한 작은 가게들이 눈길을 끌었다. 골목은 전통의 따스함과 현대의 단정함이 조화를 이루고 있었다. 담장을 허물고 그 공간에 화분을 내놓은 집들도 많았다. 그 덕분에 집과 골목의 경계가 사라졌다. 외부인들에게 집 안마당을 내놓은 것 같은 따뜻함도 전해 졌다. 일제강점기 시절 일본인들이 살았던 2층집 형태의 적산가옥에 서 명주동의 지나간 시간들이 느껴졌다.

명주동 나들이에는 파랑달협동조합의 문화 해설사들이 함께 해주 었다. 이 지역 주민들이기도 한 문화 해설사들은 골목골목 숨겨진 이 야기 보따리들을 풀어냈다. 무심한 듯 보이는 골목의 돌담에서 옛 강릉읍성의 성곽을 찾아냈고 지금은 포장된 도로 아래로 흐르던 옛 빨래터의 물줄기를 끄집어내기도 했다. 혼자서 여행했더라면 모르고 지나쳤을 골목의 숨은 이야기들이 햇살에 드러났다.

소극장, 찻집, 방앗간, 주택 등 저마다 적당한 존재감을 드러내면서 다른 영역에 간섭하지 않는다. 성기지도 않고 촘촘하지도 않게 예의있는 거리감으로 서있다.

문화 해설사와 함께 하는 명주동 골목 여행은 파랑달협동조합의 대표적인 여행 상품 중 하나다. '시나미 명주나들이'라는 이름으로 명주읍성코스와 명주마실코스 두 가지로 운영되며 1만 원의 비용을 내면 명주동의 식당과 카페, 편의점 등 가게에서 사용할 수 있는 쿠폰을 제공한다. 근현대 의상을 갖추고 있어 원하는 옷을 빌려 입고 골목을 거닐면서 사진을 찍을 수도 있다.

파랑달, 21세기형 '구멍가게'를 열다

명주동 골목 나들이를 마치고 파랑달협동조합을 찾았다. 파도를 뜻하는 파랑wave과 달moon의 합성어이자 한 달에 보름달이 두 번 뜰 때 꽉 찬 두 번째 달, 블루문blue moon을 일컫기도 하는 '파랑달'은 지역의 고유의 자원을 재해석해서 요즘 사람들이 좋아하는 콘텐츠로 만드는 로컬 콘텐츠 비즈니스 기업이다. 지역의 문화와 역사를 유무형

명주동에 위치한 파랑달협동조합 건물. 측면 벽에 어풍루 벽화가 그려져 있다.

의 상품으로 만들어 판매하는 일을 하고 있다.

프로듀서, 방송 작가, 문화 기획자, 편집 디자이너 등 일 벌이기 좋아하는 사람, 다섯이 모여 7년 전 파랑달협동조합을 창업했다. 참여자들의 면면만 봐도 지역의 문화를 이리저리 가공해 뭔가 작품을 만들어 낼 수 있을 것 같은 기대감이 생긴다.

파랑달은 '시나미 명주나들이' 같은 문화 여행 외에도 전시나 공연, 문화 및 여행 콘텐츠 제작, 문화 체험 등과 관련된 사업을 하고 있다. 강릉독립영화제를 비롯해서 영화제 기간마다 시내 곳곳에서 영화를 알리는 홍보 활동도 하고 야외 영화 상영회를 갖기도 한다.

방송작가 출신인 권정삼 대표는 지역에서 오랫동안 문화 콘텐츠를 다루어왔기 때문에 지역 콘텐츠의 잠재력에 대해서 누구보다 잘 알고 있다. 권 대표는 "지역 사회와 함께하는 문화 협동조합으로서 지역에 생기를 더하는 아름다운 공동체인 '파생체(파랑달+생기+공동체)'에 대한 바람을 갖고 있다."고 말했다.

지역 비즈니스를 흔히 '21세기형 구멍가게'라고 한다. 비록 작은 구멍가게일지라도 지역 사회에 새로운 일자리를 만들고 해체된 커뮤니티를 복원함으로써 위축되어가고 있는 지역 시장을 되살릴 수 있는 대안이 될 수 있을 것이라는 기대가 있다.

지역살이를 생각하면 귀농이나 귀촌을 먼저 떠올리지만 지역이 갖고 있는 무궁무진한 콘텐츠를 활용하는 문화 비즈니스로도 얼마든지 새로운 기회를 찾을 수 있을 것이라는 희망을 발견했다.

파랑달협동조합의 권정삼 대표. 로컬 콘텐츠 기획으로 지역 사회에 생기를 불어넣고 있다.

강릉을 비즈니스하다

명주예술마당에서 걸어서 5분 거리의 아담한 건물 2층에 자리한 '파도살롱'에서 지역 콘텐츠로 새로운 가치를 만들어 나가고 있는 또 한 사람을 만났다. 더웨이브컴퍼니의 최지백 대표가 바로 그 주인공이다.

더웨이브컴퍼니는 지역의 다양한 창업자들을 지원하는 창업 플랫폼이다. 창업자들이 이용할 수 있는 공유 사무 공간을 제공하고 창업 컨설팅, 매니지먼트, 창업 투자 등을 진행하고 있다. 2018년부터 더웨이브컴퍼니의 프로그램을 통해 60개 이상의 팀을 액셀러레이팅했고 비즈니스 개발 등 매니지먼트 프로그램의 도움을 받은 기업도 10여 개에 달한다.

더웨이브컴퍼니에서 운영하는 공유 오피스 '파도살롱' 내부 모습.

더웨이브컴퍼니 최지백 대표(맨 왼쪽)는 지역 사업의 어려움으로 전문 인력의 부족을 손꼽았다. 오른쪽에서 두 번째가 필자.

지역은 여전히 젊은 사람들에게 척박하다. 서울에 비해 뜻을 펼칠 기회도 부족하고 전문 인력이나 지원도 턱없이 부족하다. 그렇기 때문에 지역을 떠날 수밖에 없는 것이 현실이다. 우리나라의 전체 사회적 기업 중 강릉에 있는 기업이 0.7퍼센트에 불과하다는 사실은 창업에 있어서 지역이 겪는 어려움을 상징적으로 보여준다. 사회적 기업뿐만 아니라 스타트업도 마찬가지일 것이다.

지역에도 창업에 대한 수요가 있지만 지원이 부족해서 뜻을 펼치지 못하는 젊은이들이 많다. 최지백 대표는 이들이 지역에 남아서 지역의 다양한 콘텐츠로 비즈니스를 할 수 있도록 돕기 위해 인큐베이터이자 액셀러레이터 역할을 하고자 한다.

창업을 위해서는 우선 공간이 필요하다. 그것을 위해서 가장 먼저 공유 사무실 공간을 만들었다. 최 대표와 만남의 장소였던 '파도살롱'

이 바로 로컬 크리에이터와 원격 근무자들을 위한 공유 사무 공간이다. 혼자 조용히 일할 수도 있고, 다양한 사람들과 협업할 수도 있는 공간이다. 보통 월 단위(15만 원)로 이용하지만 하루 단위(1만 원)로도 이용할 수 있도록 했다.

최지백 대표는 강릉 출신은 아니지만 뜻 있는 강릉 지역 사람들과 합심하여 회사를 창업했다. 창업의 어려움 외에도 연고 없는 지역에서 자리잡기 위한 또 다른 어려움이 있을 것이다. 최 대표는 자신만의 친화력으로 현지인과의 유대를 강화하며 진입 장벽을 넘었다.

더웨이브컴퍼니의 창업 지원 프로그램에 신중년들이 참여할 수 있는 여지가 얼마나 있을지 물었다. 최 대표는 슬며시 미소를 지으며 우문현답으로 대응했다.

"먼저 이 회사가 자리를 잡을 수 있도록 해서 조직 발전의 동력을 얻겠습니다. 그러면 모든 세대가 기업의 필요에 따라 자연스럽게 참여할 수 있지 않을까요."

지역의 젊은층들에게도 선뜻하지 하지 못하는 말들을 타지에서 온 신중년에게 확답처럼 해줄 수는 없을 것이라고 생각했다. 확답은 받지 못했지만 비즈니스에 나이가 어디 있으랴. 좋은 아이디어와 열정, 지역에 대한 사랑이 있다면 얼마든지 가능할 것이라고 생각했다.

꼭 강릉이 아니어도 된다. 자신이 잘 알고 있는 지역, 자신이 나고 자란 고향에 돌아간다면 얼마든지 이런 형태의 창업이 가능하지 않을까하는 생각이 들었다.

강릉에서 주운 생각의 조각들

구불구불 2차선 도로를 따라 산중턱에 지어진 왕산골 한옥. 강릉 여행 후반기의 숙소이기도 했던 이곳에서 마지막 밤을 맞았다. 평소 체력을 단련하지 못한 탓에 물먹은 솜처럼 지쳐 있을 즈음, 마지막 밤의 이브닝쇼로 '불멍'이 펼쳐졌다. 어른이 되어도 어쩔 수 없다. 너울너울 타오르는 노란 광채를 바라보는 것은 그저 신나는 일이다. 두 개의 아담한 불멍 화로대를 중심으로 간이의자를 원 모양으로 빙 둘러 놓았다.

불멍 화로대 중앙에 삶은 옥수수와 달걀이 자리를 잡았고 그 옆에 갈색 병에 든 강릉 수제 맥주가 놓였다. 역시 불멍 화로대의 존재감은 크다. 삽시간에 분위기가 오른다.

저마다 언변 좋고 유머 감각 높은 사람들끼리 전하는 말의 향연이 밤 냉기를 저만치 밀어낸다. 불멍 화로대를 바라보며 사람들은 무슨 생각을 했을까. 시골에서 바라보는 달은 더 크게 보이고 더 밝게 보이며 더 감각적인 것임을 이 둔감한 도시 아재는 뒤늦게 알아차렸다.

여행 마지막 밤. 왕산골한옥 앞 마당에서 불멍을 하며 4박 5일의 강릉 여행을 정리했다.

강릉 여행을 준비할 때부터 마치는 날까지 한 달여의 시간 동안 과거에 만났던 사람들과는 다소 성향이 다른 사람들을 만났다. 이번 탐방에 참여하면서 새롭게 접한 낱말이 몇 개 있다.

'신중년'과 함께 '사람책'이라는 단어다. 사람책$^{human book}$은 덴마크의 사회운동가 로니 에버겔$^{Ronni Abergel}$이 휴먼 라이브러리, 즉 사람책도서관을 처음 만들면서 알려지기 시작한 개념으로 자신이 살아온 삶의 경험이나 철학을 이야기로 들려주고 대화를 통해 지혜를 나누는 사람을 뜻한다. 인류의 정신이 집약된 활자 책을 살아있는 인간으로 비유한 용어다.

그들을 만나며 나의 '작음'을 본다. 경이로움과 낯설음이라는 감정이 뒤섞인다. 내가 그들보다 큰 것은 0.1톤 체중뿐. 늘 행복하고 만족스러울리 없지만 저마다 품은 별을 따라 정해지지 않은 항로를 간다. 성과가 적다하여 남우세스러울 리는 없다.

불현듯 그들과 나를 비교해 본다. 나는 그만큼 준비하며 과단성있게 행동하고 있는가. 그만큼 절실한가. 인연을 한 번으로 끝내고 싶지 않다는 바람이 커진다.

예전에 보았던 책, 들었던 음악, 가보았던 곳, 만났던 사람을 다시 접해본다. 새롭게 보인다. 처음 접한 것은 단지 스친 것이다. 몇 번 더 스치고 쌓여야 경험이 된다. 얇은 스침을 경험했다고 말하고, 현미경처럼 속속들이 안다고 자신하면 낭패를 본다.

짧았던 강릉의 스침에 또 한 번의 스침을 더해볼 것이다. 더 보는만

여행을 모두 마치고 강릉역을 떠났다. 출발할 때는 비가 내렸지만 서쪽으로 갈수록 날이 활짝 개었다.

큼 더 알게 된다는 반복의 미덕을 소여물처럼 되씹어 본다. 이 여정을 마친 뒤에도 '강릉 한 달 살아보기'에 참여하려 하는 일행이 몇 있었다. 나중 이들에게 자주 되묻고 귀동냥하면서 다시 한번 생각을 단단하게 만들어 가고 싶다.

　돌아가는 날, 강릉역에는 비가 내렸다. 험준한 백두대간이 이 지역을 좌우로 나누고 있어 산 동쪽에는 비바람이 불었으나 백두대간을 넘자 서쪽은 맑았다. 인생의 지나온 길은 조금 흐렸을지 몰라도 저 산을 넘고 나면 활짝 갤 것이라는 희망을 보았다.

같이 살아봐요, 강릉

강릉에서 살아보기

초판 1쇄 인쇄 2022년 2월 21일
초판 1쇄 발행 2022년 3월 2일

지은이 ● 서울시도심권50플러스센터, 패스파인더
펴낸이 ● 정재학

펴낸곳 ● 퍼블리터
등록 ● 2006년 5월 8일(제2014-000181호)
주소 ● 경기도 고양시 일산동구 정발산로 24(장항동 868) 웨스턴타워 T3 416호
대표전화 ● (031)967-3267
팩스 ● (031)990-6707
이메일 ● publiter@naver.com
홈페이지 ● www.publiter.co.kr
페이스북 ● www.facebook.com/publiter1
블로그 ● blog.naver.com/publiter
인스타그램 ● instagram.com/publiter

출판국장 ● 길인수
기획 ● 곽경덕
편집 ● 임성준
마케팅 ● 신상준
디자인 ● 정스테파노

가격 15,000원
ISBN 979-11-968727-9-3 03330

*이 책은 무형광지를 사용했습니다.